台州市社会科学界联合会研究课题成果 课题编号：22Y

促进学习的教学评价研究

汪贤泽 著

浙江工商大学出版社
ZHEJIANG GONGSHANG UNIVERSITY PRESS
·杭州·

图书在版编目（CIP）数据

促进学习的教学评价研究 / 汪贤泽著 . —杭州：
浙江工商大学出版社，2023.12
ISBN 978-7-5178-5844-7

Ⅰ.①促… Ⅱ.①汪… Ⅲ.①中小学—教学评估—研
究 Ⅳ.① G632.0

中国国家版本馆 CIP 数据核字（2023）第 250722 号

促进学习的教学评价研究

CUJIN XUEXI DE JIAOXUE PINGJIA YANJIU

汪贤泽 著

责任编辑	唐　红
责任校对	韩新严
封面设计	朱嘉怡
责任印制	包建辉
出版发行	浙江工商大学出版社
	（杭州市教工路 198 号　邮政编码 310012）
	（E-mail：zjgsupress@163.com）
	（网址：http://www.zjgsupress.com）
	电话：0571-88904980，88831806（传真）
排　　版	杭州朝曦图文设计有限公司
印　　刷	广东虎彩云印刷有限公司
开　　本	710mm×1000mm　1/16
印　　张	12.75
字　　数	200 千
版 印 次	2023 年 12 月第 1 版 2023 年 12 月第 1 次印刷
书　　号	ISBN 978-7-5178-5844-7
定　　价	68.00 元

在中小学，大数据驱动的精准教学是目前极为热门的话题，但技术代替不了教师对于教学评价的准确把握和理解，即能知道为什么要评价、通过什么去评价、评价的结果又该如何使用等问题。否则，技术再发达也解决不了如何促进学习的具体教学实践应用问题，体现不出教师的专业性。

从实际情况来看，尽管当前的教师职业尚未完全符合公认的专业标准，但毫无疑问，教师是被视为专业工作者的。联合国教科文组织《关于教师地位的建议》明确了教师是一种专门职业，需要经过严格训练和持续不断的研究才能维持专业知识和专门技能。《中华人民共和国教师法》规定"教师是履行教育教学职责的专业人员"；《中华人民共和国国家标准职业分类与代码》将教师列入"专业技术人员"大类；《中华人民共和国职业分类大典》规定了八大类职业，教师同样被归入"专业技术人员"之列。

一个专业的核心追求不是学问，而是实践或行动的改善。世界著名教师教育领域的研究者李·舒尔曼认为，在专业工作中，行动与理解同等重要，甚至更为重要。"一个专业人员只停留在理解层面是远远不够的……一个专业人员不管他是否已经拥有足够的信息，都要准备好去行动，去执行，去实践。"旨在培养教育专业实践者的教师教育自然要致力于培养师范生的教育实践能力，如果其中涉及教育的学问，这些学问也应当是支持实践的，是对实践的反思，指向实践的改善。

当前的教育评价领域正在发生范式转换，从对学习的评价到为学习的评价，意味着需要将评价的核心功能定位从对学习的判断转向对学习的促进，从而引发评价目标、方法方式、结果运用等方面的一系列变化。当评价从"对学习"转向"为学习"时，教师在评价中的地位和作用便凸显出来了：在原有的教育评价范式中，要对学生学习做出判断的话，不能由那些与学生学习有直接利害相关的教师做出，只能由"专业人士"来实施，而且，评价建基于心理测量学——一个高度关注自己的"专业性"以至于有很强排他性的领域，教师通常只能作为"门外汉"围观"专业人士"的工作。在这种范式中，教师无权评价或者只需要模仿专业人士的评价，从而主动游离于这一专业之外。在新的促进学习的评价中，教师成为评价的主体。因为只有当教师依据应有的教学目标设计、实施评价，并以评价结果作为自己教学决策的基础为学生提供作为学习决策基础的反馈时，评价促进学习的功能才能真正得到发挥。正因为如此，教师日常实践层面的评价，也即课堂评价，成为新的评价范式中关注的焦点。

从实践来看，教师经常进行各种各样的评价活动：课堂提问、安排课堂练习、布置家庭作业、实施课堂小测验，以及单元测验、期中考试等。按照美国著名评价专家斯蒂金斯的说法，教师的专业实践中大概有一半以上的时间花在评价及其相关活动上。问题在于，尽管教师花了大量时间实施课堂评价，但课堂评价应有的促进学习的功效却未能得到充分的发挥。其中一个重要原因就是，绝大多数教师并不拥有很高的教学评价素养。当然，这不能归罪于教师，因为我们的教师培养和教师培训都没有提供相应的专业知识基础——在我们的教师培养课程框架中，评价方面的课程长期缺失，即使有相关课程，也是基于心理测量学的、旧的评价范式框架的课程。教师培训中同样没有相应的课程——其实教师拥有的关于教学评价的认识大多来自对外部实施的大规模评价的模仿，而这种外部的大规模评价，其遵循的范式恰恰与教学评价相冲突。

评价范式的转换让一些敏锐的、有深厚心理测量学背景的评价专家开始转向关注教师日常实践层面的教学评价，并在这一领域发展了众多新的知识基础。我们尝试基于这些新的知识基础发展教学评价的知识，并与教师的日常教学评价实践联系起来，为教师课堂评价素养的发展提供一个素材框架。核心观点是，评价目标一定与学习目标相匹配，教师所用的评价方法一定要搜集到关于学生学习的准确信息，评价的结果一定要成为教师教学决策和学生学习决策的基础，学生也一定要参与评价过程。同时，教学评价的问题是一个发展的问题，其与学习者、教师的转变和评价理论的发展等问题是联系在一起的，需要在综合背景中进行观照，这样才能更好地理解为什么要践行促进学习的教学评价。

当然，这种探索还是没有达到预期目标，我们试图通过对教师、学习者和教学评价的转型更深刻地来理解促进学习的教学评价范式转变。可惜的是限于时间和条件，还没有对促进学习的教学评价的很多领域进行深入研究，但是对笔者自己来说，这正是一个良好的开始。

感谢王少非教授和吴银银教授的指导帮助，同时感谢合作教师的共同探究。

第一章

转型中的学习者与学习

人的成长是与学习分不开的。人的成长有三方面重要的影响因素：一是生物学意义上的遗传影响；二是社会学意义上的社会发展影响；三是教育学意义上的学习影响。生物学意义上的人类进化为学习提供了生理基础，社会学意义上的发展为学习提供了人类生存方式的基础，而教育学意义上的学习则是学习的核心基础。本章从社会变迁的大背景，从学习理论的变迁和转型中的学习者等方面进行探索。

第一节　学习理论的变迁

对于我们来说，"学习"是极为熟悉且应用广泛的一个热门词汇。但是，如果要让人们对它下一个准确的定义，或者做出科学的解释，那是一件不容易的事情。对人们来说，学习更多的是停留在"熟悉的陌生人"的层面。学习是在人们的不断探索中得到廓清的，只有在我们深刻认识了学习的本质及其教学含义的时候，才能真正发挥评价促进学习的作用。例如，古希腊哲学家柏拉图（Plato）以一个类似循环论的例子解答了始终困扰着学者们的——到底谁在先的问题，他的答案是：知识是天赋的，在人们诞生之时，知识已经被安置在人们的心灵之中，学习是灵魂对其生前所见所知的一种回忆，而教学只是在为恢复记忆提供必要的帮助。在柏拉图的"洞穴之喻"中，他强调：教是将人们从无知的锁链中解放出来的过程。在这一过程中，学习是被动的，它顶多只是给予洞穴中的囚犯一个转身的机会，用以使其心灵更清晰地视察实体。因接受逻辑训练而能清楚地推断的人，才更有可能逃出无知的洞穴，更有可能运用心智洞察真理，但无论与真理有多靠近，都只是某种形式的观看而已。"教育不能与植入视力相类比，教育是确保那些已有视力的人转向正确的方向并能正确地观察。"① 我们以学习理论的历史发展脉络来进行梳理和呈现。

一、早期学习理论

早期心理学研究或多或少都有涉及学习的研究，但是影响较大的是主

---

① 柏拉图，理想国［M］.吴献书，译.上海：生活·读书·新知三联书店，2009：20.

导大半个世纪的行为主义（behaviorism）学习理论。因为这一学派的研究核心集中于刺激和反应之间的联结（stimulus-response），所以又叫学习的联结理论。1913年，华生（John B.Watson）的《行为主义者眼中的心理学》宣告行为主义应势而生。行为主义者认为学习是环境加诸学习者身上的行为而导致的结果。这一学派的主要代表人物有华生、桑代克（Edward Lee Thorndike）、斯金纳（Burrhus Frederic Skinner）、巴甫洛夫（Ivan Pavlov）等。

（一）巴甫洛夫的条件作用学习理论

巴甫洛夫是俄国生理学家，在19世纪末到20世纪初，他对动物行为进行了开创性的研究。他以狗为实验对象，在研究中发现，从狗见到食物，到只见到送食物的助手，甚至只听到助手走过来的脚步声时，其唾液分泌量就开始增加。巴甫洛夫将这一现象称为"心理的分泌"（psychic secretions），并由此开始了著名的条件作用研究。为了与后来发展起来的操作条件作用（operational conditioning）相区分，巴甫洛夫的条件作用被称为经典条件作用（classical conditioning）。

经典条件作用（反射）的原理是这样的：在条件作用发生之前，刺激与反应之间存在着一种自然的关系：食物（US）可以诱发狗的唾液分泌反应，这时候，食物叫作无条件刺激，诱发的唾液分泌反应为无条件反应（UR）；铃声开始可以诱发狗的定向反应，但不能诱发狗的唾液分泌，这时候的铃声叫作中性刺激（NS）。在实验中，由于每次铃声响起后都呈现食物，因此在铃声与食物经过多次匹配后，当单独呈现铃声时，狗也会分泌唾液。这时候，最初的中性刺激就变成了条件刺激（CS），引起的反应就叫作条件反应（CR）。经典条件作用揭示了联合学习的根本特性，它阐明了有机体是怎样认识配对的刺激事件之间的关系的。在日常生活中，经典条件作用学习十分常见，例如谈虎色变、望梅止渴甚至小孩怕打针，等等。经典条件作用的范型可以用表1-1表示。[①]

---

① 孟昭兰. 普通心理学［M］. 北京：北京大学出版社，1994：242.

表1-1 经典条件作用范型

条件作用之前	NS （铃声） ──────────────▶ UR （定向反应） US （食物） ──────────────▶ UR （唾液分泌）
条件作用期间	NS （铃声） US （食物） ──────────────▶ UR （唾液分泌）
条件作用之后	CS （铃声） ──────────────▶ CR （唾液分泌）

在此基础上，巴甫洛夫进一步对经典条件作用的获得、消退与自发恢复、刺激的泛化与分化、厌恶条件作用和二级条件作用等总结出了相关规律。在经典条件作用中，有机体做出的反应都是由刺激诱发的不自主的反应，不受意识支配。经典条件作用解释了有机体为了得到某种结果而主动做出的随意反应的学习现象。例如，学生为了得到教师的表扬而主动学习，在职人员为了得到晋升而主动加班，等等。

（二）桑代克的尝试—错误学习理论

华生是美国第一个将巴氏的研究结果作为学习理论基础的人。他认为学习就是以一种刺激替代另一种刺激建立条件反射的过程。在华生看来，人类出生时只有几个反射（如打喷嚏、膝跳反射）和情绪反应（如惧、爱、怒等），所有其他行为都是通过条件反射建立新刺激—反应（S—R）联结而形成的。华生认为人类的行为都是后天习得的，环境决定了一个人的行为模式，无论是正常的行为，还是病态的行为，都是经过学习而获得的，也可以通过学习而更改、增加或消除。其认为，查明了环境刺激与行为反应之间的规律性关系，就能根据刺激预知反应，或根据反应推断刺激，从而达到预测并控制动物和人的行为的目的。他有一个著名的论断："只要给我一打健全的婴儿，他们具有良好的体态，并且由我自己规定培养他们的特殊环境，我保证能把他们中的任何一个训练成为我所选择的那种专家、医生、律师、美术家或商业巨头，甚至乞丐和小偷，而不管他们先人的才能、爱好、倾向、能力、职业和种族如何。"[①]

桑代克部分修正了华生的极端观点，和斯金纳一起将行为主义心理学推向了新的高峰。他指出，在个体所受刺激与行为反应之间存在着中间变量，这个中间变量是指个体当时的生理和心理状态，它们是行为的实际决定因子，包括需求变量和认知变量。需求变量在本质上就是动机，它们包括性、饥饿以及面临危险时对安全的要求。

桑代克根据其迷笼实验，建立了他的尝试—错误学习理论。他的学习理论主要体现在两个方面：第一，学习的实质是通过尝试与错误（trial and error），从而在一定的情境和一定的反应之间建立起联结。迷笼中的猫本可以自由地做出各种不同的反应，但是经过反复尝试，那些错误而无效的动作逐渐被淘汰，而正确且有效的动作则被保留下来。这就是桑代克提出的尝试—错误理论。第二，在尝试—错误过程中，某一反应之所以能够与特定的情境建立起联结，是因为该反应（触动机关）之后能够获得满意的效果（吃到猫喜欢的食物），桑仪克称之为效果律。经过不断研究，桑代克总结出了我们熟悉的学习三大定律：准备率、练习律和效果律。这是大家广为熟悉的，这里就不赘述了。

(三) 斯金纳的操作性条件作用

斯金纳改进了桑代克的实验设计，以白鼠和鸽子等为实验对象进行了更为精密的实验研究。通过研究，他发现，动物做出的反应是与其随后出现的起强化作用的刺激有着紧密的关系，强化对行为起着控制作用（它能影响以后反应发生的概率）。由此，斯金纳建立起了他的操作性条件作用理论：学习是一种反应概率上的变化，而强化是增强这一反应概率的手段。斯金纳抛弃了桑代克的效果律，在他看来，任何解释性理论都是完全不必要的，因为它不能告诉我们怎样操纵环境才能控制行为。我们需要的是系统描述有机体的行为与其所处环境条件之间可预测的关系。

斯金纳认为人和动物的行为有两类：应答性行为和操作性行为。应答性

[①] 林崇德. 心理学大辞典 (上卷) [M]. 上海：上海教育出版社，2003：98.

行为是由特定刺激引起的，是不随意的反射性反应；操作性行为则不与任何特定的刺激发生联系，是有机体自发做出的随意反应，又被称为自发反应。应答性行为是经典条件反射作用的研究对象，而操作性行为是操作条件作用的研究对象。在日常生活中，人的大部分行为是操作性行为。

斯金纳认为操作性条件作用的学习原理是：辨别刺激——提供行为结果的信息；操作性行为——有机体的自发反应；强化物——继行为之后并与行为相倚。根据这三条原理，操作性条件作用主要有：奖赏（积极强化），逃避条件作用与回避条件作用，消退和惩罚（非消极强化）。操作条件强调强化要与反应同时出现才能达到最好的效果。强化的概念在后来出现的程序教程中（programmed instruction）得到了很好的应用。

综观这一段时间的学习理论发展，刺激与反应之间的联结是其基本模式，行为主义心理学研究者普遍认为心理学应该研究学习的行为，而不是心理成分或意识经验。加上他们的实验对象基本上是动物，故而又被称为动物学习理论。图1-1中的形象可以从一个方面体现这一时期学习理论的特点。

图1-1　刺激与反应之间的关系

二、现代学习理论

这一时期的学习理论主要体现在认知理论的发展和建构主义上。行为主义学习理论只能解释简单的学习，而在分析人类的复杂学习时，其指导意义甚少。这一时期的学习理论强调主体的认知过程对学习起着主要作用，学习不是在外部环境的支配下被动地形成 S—R 联结，而是主动在头脑内部形成认知结构。学习依赖学习者记忆中的学习结构，受主体预期引导，而不是受习惯支配。

1. 早期认知学习理论

早期认知学习理论的研究主要体现在魏特墨（M. Wertheimer）等提出的完形学习（顿悟学习），以及托尔曼（E. C. Tolman）提出的潜伏学习（方位学习）等上。

在魏特墨看来，学习中，主体的能动性起着重要作用，他强调心理具有一种组织的功能，把学习视为个体主动构造完形的过程，强调观察、顿悟和理解等认知功能在学习中的重要作用。具体来说，学习是通过顿悟来实现的。虽然顿悟也经过若干尝试与错误的学习，但不是行为主义所说的那种盲目的、胡乱的冲撞，而是类似一种验证假说的有目的的行动。建立和验证假说必须要依赖以往的经验，包括对情境的全局进行感知，以及对构成情境中的各种成分之间的关系形成全盘的了解。

考夫卡（K. Koffka）在完形学习观点的基础上，借助物理学"场"的概念进一步指出：学习就是场的认知结构的变化。学习的问题可以分为记忆的问题和成就的问题。如果我们已经适应过一种新的情况或解决过一个新的问题，那么第二次遇到同样或相似的情境、问题时，就可以较为便利地处理它们。这就是学习中的记忆问题。我们第一次遇到一种新的情况或新问题就要首创地去解决它，这就是学习中的成就问题。考夫卡根据苛勒（Kohler）对黑猩猩的学习实验认为，人对于新情境的适应和新问题的解决在于能对旧的格式塔进行改造，而建立一个新的格式塔更有赖于智慧或顿悟。

托尔曼以方位学习实验反驳了 S—R 联结理论，从而证实和发展了学习的认知观点。他根据实验结果指出，白鼠在迷津中经过到处游走之后，已经学到整个迷津的认知地图。白鼠在迷津中的行为是根据其获得的认知地图而不是过去的习惯做出的。行为是由个体对目标的期待来引导的，而不是由过去行为结果的强化所决定的。所以期待（一种通过学习而形成的认知观念）就成了托尔曼学习理论中的核心概念。同时，他还根据潜伏学习实验结果指出，强化并不是产生学习的必要条件，学习完全可以在无强化的情况下发生。学习与操作是不同的，在被用于达到某种目标之前，学习所获得的知识通常是潜伏在学习者的记忆中的，只有当目标出现时，学习才通过操作表现出来。

2.认知结构学习理论

这一时期的学习理论主要体现在皮亚杰（Jean Piaget）、布鲁纳（Jeorome Bruner）和奥苏贝尔（David Pawl Ausubel）等人的研究上。

在皮亚杰看来，儿童学习和心理发展的核心特征就是图式（Schema）——认知结构的发展。成长中的儿童把新的经验结合到原有的图式中，这个过程叫作同化；当儿童遇到新的经验不能纳入原有的图式中时，原有的概念就会得到改变，这个过程叫作顺应；由于同化和顺应的结果，儿童的认知与外界趋于一致，这叫作平衡。平衡会产生新的图式——新的认知结构取代原有的认知结构，或在原有的认知结构上增加新的认知结构。随着图式的更新，人的心理图式发展得越来越复杂和综合。这就是儿童的学习过程。

布鲁纳反对以强化为主的教学程序，主张学习的目的在于掌握知识的结构，只有掌握了知识结构，理解和运用才能更加深刻和广泛。简而言之，按照布鲁纳的观点，知识的学习就是在学生的头脑中形成一定的知识结构。这种知识结构是由学科知识中的基本概念、基本思想或原理构成的。布鲁纳认为，知识的学习包括三种几乎同时发生的过程，即新知识的获得、旧知识的改造、检查知识是否恰当。布鲁纳在学习理论中的一个重大贡献在于提倡发现学习——意在启发学生在学习过程中主动探究的思维方式。他认为发现学习更能激发和培养个人主动探索知识结构的精神，注重学习的过程，而不是学习的结果；重视获得知识的方法，而不是知识本身；注重个人内部的学习愿望和策略，而不是外部的奖赏和强化。

奥苏贝尔反对"一切发现学习永远都是有意义的，而一切接受学习永远都是机械的"的绝对化观点，认为接受学习也可以是有意义的。他对学习的看法主要体现在有意义学习理论（也称认知同化学习理论）上。奥苏贝尔认为，有意义学习的实质是将符号所代表的新知识与学习者原有认知结构中的已有知识建立起非人为的和实质性的联系。所谓实质性的联系是指虽然表达的语词不同，却是等值的，也就是说，这种联系是非字面的联系。例如，我们学习 $5+5+5=3 \times 5$，这时发现无论是等式左边的结果，还是右边的结果，都是 15，所以我们可以将这种实质性的联系理解为同样的一个知识，只要了解了它的本质，无论用何种形式呈现，我们都能理解。所谓非人为的联系是指有内在联系，而不是任意的联想或联系，是指新知识与原有认知结构中有关的观念建立在某种合理的或逻辑基础上的联系。他进一步提出了有意义学习的条件：第一，学习材料必须具有逻辑意义。第二，学习者认知结构中必须具有同化新知识的适当认知结构；学习者必须具有有意义学习的倾向性（心向）；学习者必须积极主动地使这种具有潜在意义的新知识与认知结构中的有关旧知识相互发生作用，使认知结构或旧知识得到改善，使新知识获得实际意义即心理意义。图1-2可以代表这一时期学习理论的特点。

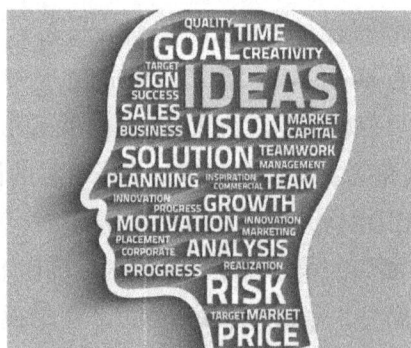

图1-2 学习在于形成知识结构

3.认知加工学习理论

认知心理学的研究兴起于20世纪50年代，与认知结构学习理论有着千丝万缕的联系，但是在具体的研究思路、方法和成果上有很大差异。认知心理学在短时记忆的信息加工、转换语法的分析、策略在思维和认知理论中的作用等领域进行了开拓性的研究。之后，奈瑟（U. Neisser）出版了第一本以《认知心理学》命名的专著。[①] 为认知加工学习理论研究提供完整框架的是纽维尔（A. Newell ）和西蒙（H. A. Simon ）。他们认为，无论是有生命的（人）或人工的（计算机）信息加工系统都是操纵符号的。符号有语言、标记、记号等。一些符号通过一定联系形成符号结构，也叫作语句。信息加工系统得到某个符号就可得到该符号所代表的事物，或进行该符号所标志的操作。包括人和计算机在内，信息加工系统都是由感受器、效应器、记忆和加工器组成的。信息加工系统都以符号结构来标志其输入和输出。心理过程或者学习

---

① U. Neisser. Cognitive Psychology ［M］. New York: Appleton Century Crofts, 1967.

过程可以理解为信息的获得、贮存、加工和使用的过程。[①]

　　加涅（Robert Mills Gagne）是认知加工学习心理学重要的中间过渡研究者。他引进现代信息论的观点和方法，从而成为认知加工学习理论流派中强调信息加工模型的代表人物。加涅认为，学习过程是信息的接受和加工过程，学习是主体和环境相互作用的结果，个体先前的学习导致个体的智慧日益发展。在教学上，主张要给予学生最充分的指导，使学生能够沿着事先规定的学习程序，一步一步、循序渐进地进行学习。知识学习可以看成动机阶段（期望）—领会阶段（注意：选择性知觉）—习得阶段（编码：储存登记）—保持阶段（记忆储备）—回忆阶段（提取）—概括阶段（迁移）—作业阶段（反应）—反馈阶段（强化）这样一条链条。具体学习过程可以用图1-3表示。[②]

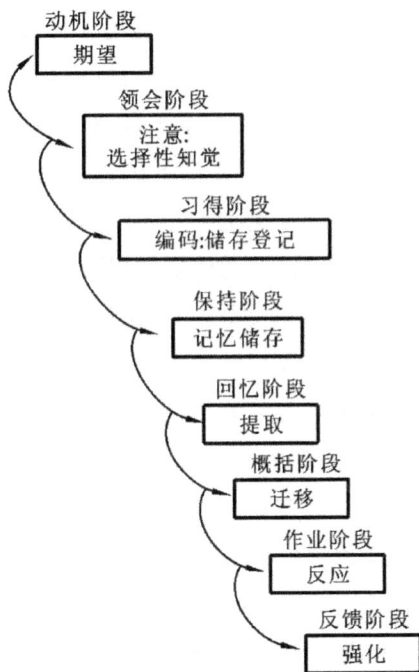

图1-3　加涅学习过程图

① A. Newell. Physical Symbol System. In D. A. Norman(ed.), Perspectives on Cognitive Science［M］. New Jersey: Ablex Publishing Corporation, 1981.

② 朱式庆．教育技术学［M］．合肥：中国科学技术大学出版社，2009:48.

加涅学习理论的另一个重要思想是他关于学习的分类。加涅根据产生学习的情境，把学习分成八类，由低到高顺次排列成一个层级。第一类，信号学习：经典条件反射，包括不随意反应；第二类，刺激反应学习：操作条件反射；第三类，连锁学习：一系列刺激反应动作的联合；第四类，语言的联合：与第三类学习一样，只不过它是语言单位的连接；第五类，多重辨别学习：区分多种刺激的不同之处；第六类，概念学习：在对刺激进行分类时，对事物抽象特征的反应；第七类，原理学习：概念的联合；第八类，解决问题：在各种条件下应用原理达到最终目的。根据学生的学习结果，其又提出五种学习结果的划分：第一，言语信息，指的是能够陈述用语言文字表达的知识；第二，智慧技能，指的是运用符号办事的能力；第三，认知策略，指的是对内的控制以及调节自己的认知活动的特殊认知技能；第四，动作技能，指的是习得的、协调自身肌肉活动的能力；第五，态度，指的是习得的、决定个人行为选择的内部状态。[①] 国内潘菽等人对此有深化研究。

20世纪80年代，安德森（J. R. Anderson）在教育目标分类的基础上进一步对学习进行了分类，提出产生式学习理论。他把学习分成两个维度：知识和认知过程。学习主要分为陈述性知识（包括事实性知识和概念性知识）、程序性知识和策略性知识（即元认知知识），可以用表1-2表示。知识维度分为：事实性知识——术语知识、具体细节和要素的知识；概念性知识——类别与分类的知识，原理与概念的知识，理论、模式与结构的知识；程序性知识——具体学科的技能和算法的知识、具体学科的技术和方法的知识、确定何时运用适当程序的知识；元认知知识——即策略性知识，它是关于认知任务该如何操作的知识，包括如何选择适当的情境性和条件性知识，以及自我调整的知识。认知维度分为：记忆——识别（recognizing）、回忆（recalling）；理解——解释（interpreting）、举例（examplifying）、分类（classifying）、总结（summarizing）、推断（inferring）、比较（comparing）、说明（explaining）；应用——执行（executing）、实施（implementing）；分析——区分（differentiating）、组织（organizing）、归属（attributing）；评价——核查（checking）、评判（critiquing）；创造——生成（generating）、计划（planning）、

---

① 曹燕南. 认知学习理论 [M]. 郑州：河南教育出版社，1991：5.

贯彻（producing）。^① 上述学习理论充分讨论了学习的条件，对学习的迁移和当前注重高阶认知能力的培养具有重要的借鉴意义。

表1-2　安德森学习分类

知识维度	认知过程维度					
	记忆	理解	运用	分析	评价	创造
事实性知识						
概念性知识						
程序性知识						
元认知知识						

三、当代学习理论

当代学习理论没有前期那么多的流派产生，但是在继承以前研究的基础上更加重视学习理论的科学化，其中比较成熟并在实际验证过程中产生重要影响的是学习的认知负荷理论。

认知负荷理论主要由斯威乐（John Sweller）在1988年提出，并且后续经过多人的研究，至今有了很大进展，是当代较为典型的学习理论。认知负荷理论结构模型是认知负荷理论的核心。它主要分为两个维度：因果维度和评价维度。因果维度反映了认知负荷的来源以及认知负荷的分类。认知负荷的因果因素包括任务（环境）、学习者、任务与学习者的交互作用；任务（环境）包括学习任务的难度、复杂程度、任务的新颖性、结构、时间压力等因素；学习者包括学习者本身已有知识经验、认知能力、认知风格、意志品质等因素；任务与学习者的交互作用包括学习动机与学习情绪等因素。评价维度集中反映了对认知负荷大小的评估及测量。主要包括三个方面：心理负荷（mental load）、心理努力（mental effort）和绩效（performance）。心理负荷体现的是学习材料与学习者之间的交互作用，大小比较客观，真实反映学习材料难度与学习者经验之间的作用；心理努力则是学习者主动付出的认知努力，包括感知、记忆、思维、想象等认知努力以及情绪调节与时间控制等，

---

① 盛群力．21世纪教育目标新分类［M］．杭州：浙江教育出版社，2008：10.

具有主观性，影响学习绩效；绩效就是指学习者通过学习之后所获得的成绩，是认知负荷的外在表现。认知负荷的评价维度使研究者对认知负荷测量有了研究的依据。[①]

根据来源来看，有三种类型的认知负荷：内在认知负荷（Intrins Cognitive Load）、外在认知负荷（Extraneous Cognitive Load）、关联认知负荷（Germane Cognitive Load）。内在认知负荷是由学习材料本身的复杂程度与学习者原有知识水平所决定的。当学习材料的要素越简单，学习材料越丰富，学习者长时记忆中具有与图式建构相关的知识越多，那么加工学习任务所需要占用的认知资源就越小，对于学习者来说，内在认知负荷就越低。相反，当学习材料越复杂，学习者所具备的知识经验越少，则个体加工图式所需要的认知资源就越多，学习者的内在认知负荷就越大。对于外在认知负荷来说，它是由信息呈现的方式和学习者的学习活动所引起的。当学习任务的呈现方式不利于学习者的图式加工及构建时，学习者加工与建构知识就会受到一定阻碍，感受到高的外在认知负荷，反之就低。一般来讲，教学活动中信息传递渠道不畅通、教学设计差、学习活动方式越复杂，所引起的外在认知负荷就越大。关联认知负荷是由学习过程中图式的构建与自动化引发的，它促进与激励个体把认知资源分配到学习活动上去。教学设计的本质就是把外在认知负荷向关联认知负荷转变。适当的教材呈现方式不但可以降低外在认知负荷，还可以帮助学习者专注学习的内容。学习认知负荷理论在教材内容呈现方式、学习材料设计和个体差异化教学上取得了很多实际证据，对当下的学习评价来说是极具价值的。

当然，学习理论的发展远不止我们上述提到的内容，还有很多研究，例如项目化学习、深度学习等都在探讨学习的本质和实践。总体来说，对学习的理解呈现出一种融合的趋势，

---

① F.Paas, & J. Sweller. An Evolutionary upgrade of cognitive load theory: Using the human motor system and collaboration to support the learning of complex cognitive tasks［J］. Educational Psychology Review, 2012(24)：27-45.

第二节　转变中的学习者

如果要准确把握当下学生的学习情况，那么对学生学习的评价还需要尽可能地去了解学习者学习内容（知识）、培养目标和学习条件的变化情况。

一、学习者学习内容的变化

学生学习的知识是一个极为广泛的概念，本节主要从学生要正式掌握的内容——课程内容（知识）——这个角度来进行探讨。进入课程的内容或者说知识都体现着当时的价值判断，这也是与我们的培养目标联系在一起的。例如，课程内容安排下来后，进入教学阶段，就会出现知识所具有的内在和外在价值之分。知识的功利价值就是知识的外在价值，是为谋生或社会生活而具有的价值；而知识的内在价值是超功利的，是指知识本身具有的满足人的理智自由和欣赏需要的价值。每个科目的知识都兼具外在与内在的价值。我们需要形成外在使用价值与内在自由价值一体的课程体系，给不同的人未来生活和生产提供不同的选择，让学生在为未来生活做准备的同时，体验到求知的快乐和理智陶冶的魅力。[①] 接下来，我们按照历史的发展线索来展示这种转变过程。

(一) 早期学习内容

这里主要从国内的春秋战国和国外的古希腊进行梳理。这一阶段对学习者的培养更多的是为了培养统治者，学习的内容与当时的社会生产能力相匹配，还处在学习内容设计的初级阶段。

例如，阿卡德米学园（Academy，又译作阿卡德米学院）在课程知识的选择上，根据认识过程由低到高划分四个阶段，即相信、想象、知性、理性，将后两者划归为知识范畴，可作为课程知识。其中，知性知识是数学和科学研究的对象，涉及算术、几何、天文、音乐，旨在促使灵魂转向真理、

---

① 迟艳杰. 我国基础教育课程改革的知识基础之反思［J］. 教育科学研究，2011（5）：22-25.

养成抽象思维的基础上，引导人们对美与善的追求；而理性知识则是指辩证法研究的对象，意在培养统治者的辩证能力，使他们实现灵魂的最终转向，获得最高的"善的真理"。

在课程知识的组织上，古希腊基于发展受教育者理性的需要，将算术、几何、天文和音乐课程作为古希腊课程体系的主干，并指出其训练是辩证法学习的前奏和准备；另外，柏拉图强调秉承循序渐进、启发诱导的原则，按照儿童的年龄特征规定先学算术、几何，再习天文、音乐——从可见到可知，由意见至知识，从而逐渐提升人的心灵状态，并经选拔，使少数非常优秀的学生能够接受最高形式的辩证法学习，从而实现灵魂转向。

在课程知识的呈现上，古希腊强调传递有关自然、社会和人生本源的形而上学的知识，以概念、范畴和语言为载体，并视所学具有绝对性和终极性，注重服从权威、引经据典，将古典语言——希腊语与拉丁语——看作唯一的教学呈现和研究语言。[①]

另外从我国情况来看，主要体现在私学和官学的情况上。我国春秋战国时期的私学在中国古代教育史上的重大贡献还在于教育理论上的成就，尤其儒家在教育理论上的贡献。儒家后学总结了这一时代的教育思想和教育经验，撰写了《学记》《大学》《中庸》，阐述了教育的作用、学制的体系、道德教育体系、教学原则和方法、教师的地位等方面的理论，成为世界上最早的、自成体系的教育著作，奠定了中国古代教育的理论基础。

以孔子私学为例。孔子私学以六艺作为教育的内容。这是儒家私学有别于墨家、法家私学的基本特征。孔子私学里的主要科目是诗、书、礼、乐，目的在于灌输奴隶主阶级的政治、道德思想，是为了"复礼"。但是，孔子私学所传授的也不都是宣扬奴隶主阶级意识形态的内容，其中一部分是关于自然科学的知识，以及反映劳动人民对奴隶主贵族的反抗、控诉的材料。例如，《尚书》中有世界上最早的日食记录。据清代顾栋高的《毛诗类释》统计，《诗经》讲到的动植物达334种，而且记录了大量关于动植物的形态、物性、栽培和饲养的方法。

以稷下学宫为例。在其兴盛时期，稷下学宫曾容纳了当时诸子百家中

---

① 石中英.知识转型与教育改革［M］.北京：教育科学出版社，2011：63.

几乎各个学派，其中主要的如道、儒、法、名、兵、农、阴阳、轻重诸家。在其兴盛时期，稷下学宫汇集了天下贤士多达千人，其中著名的学者如孟子、淳于髡、邹衍、田骈、慎到、接予、季真、环渊、彭蒙、尹文、田巴、儿说、鲁仲连、邹奭、荀子等。尤其荀子，曾三次担任学宫的祭酒 (学宫之长)。当时，凡到稷下学宫的文人学者，无论其学术派别、思想观点、政治倾向，以及国别、年龄、资历等如何，都可以自由发表自己的学术见解，从而使稷下学宫成为当时各学派荟萃的中心。其教学形式主要是游学和师徒之间的辩论 (例如，义利之辩、天人之辩、王霸之辩、人性之辩等)，但礼教的学习内容是其中心。

(二) 近现代学习内容

近现代的学习内容是与科学技术的大发展直接联系的，分科学习的思维特征明显。典型追问的问题是："什么知识最有价值？"斯宾塞 (Herbert Spencer) 作为反思知识价值的典型代表，在抨击传统古典教育知识价值观的基础上，提出了科学知识价值论的思想，这对教育改革和课程选择产生了巨大影响。他在 1859 年提出一个著名的问题："What Knowledge is of Most Worth？"(什么知识最有价值？)

在课程知识的选择上，斯宾塞指出唯一合理的方法就是评判一门教学科目为完满生活做准备的程度，并由此形成了基本上包容近代自然和社会科学全部学科的课程设置。其中，数学和自然学科占有极大比重，而且注重在与社会生产生活紧密联系中，体现课程知识的实用性。在课程知识的组织上，斯宾塞通过完满生活的五类活动划分，各安排了一组必学知识：第一，直接有助于自我保全的解剖、生理及卫生学；第二，为获得生活必需品而间接有助于自我保全的算术、几何、物理、化学、天文、地质、生物学和社会学等；第三，为抚养和教育子女而需掌握的教育学和心理学等知识；第四，有助于正确调节公民行为的政治、经济、文化等社会历史知识；第五，可供满足爱好和感情的文学、艺术和音乐。[①]

这一时期，随着结构主义心理学和认知主义心理学以及社会发展的影

---

① 任中印.西方近代教育论著选 [M].北京：人民教育出版社，2001：484.

响，同时随着人类总体知识的迅猛增长，学习内容的学科化和分科化成为主流。在学校中，分成语文、数学、物理、地理、社会、化学、计算机、劳动技术、美术、音乐、体育等内容来进行学习。同时，随着学科的发展，学科的体系也变得越来越大、越来越复杂。以我国 2011 年的学科目录为例：《学位授予和人才培养学科目录 (2011 年)》的学科门类基本一致，分设哲学、经济学、法学、教育学、文学、历史学、理学、工学、农学、医学、管理学、艺术学 12 个学科门类，新增了艺术学学科门类，未设军事学学科门类，其代码 11 预留。专业类由修订前的 73 个增加到 92 个；专业由修订前的 635 种调减到 506 种。本目录哲学门类下设专业类 1 个，4 种专业；经济学门类下设专业类 4 个，17 种专业；法学门类下设专业类 6 个，32 种专业；教育学门类下设专业类 2 个，16 种专业；文学门类下设专业类 3 个，76 种专业；历史学门类下设专业类 1 个，6 种专业；理学门类下设专业类 12 个，36 种专业；工学门类下设专业类 31 个，169 种专业；农学门类下设专业类 7 个，27 种专业；医学门类下设专业类 11 个，44 种专业；管理学门类下设专业类 9 个，46 种专业；艺术学门类下设专业类 5 个，33 种专业。到了 2015 年版，又增加了军事学、网络信息安全等学科门类，专业数量大为增加。

(三) 当代学习内容

当代的学习内容仍然保持着对技术理性的知识体系的高度重视，但是在知识的提供和选择上有了更为深刻的认识。例如，阿普尔 (Michael W. Apple) 提出了 "谁的知识最有价值" (Whose Knowledge is of Most Worth)。他认为知识选择不仅要认真对待谁的知识、谁来选择、为什么要用这种方式来组织教学、是否针对这个特殊群体等问题，还要试图通过将这些研究与社会、经济的权力和意识形态竞争的观念联系起来，因为知识选择是社会、政治、经济、文化之间的权力相互作用的结果。[①]

之后，多尔 (William Doll) 提出了后现代主义课程观。他认为课程通过参与者行为和相互作用形成，具有建构性、非线性和不断展开的动态性。在课程知识的选择上，多尔提议 3S——科学 (Science)、故事 (Story) 和精神

---

① 阿普尔. 意识形态与课程 [M]. 黄忠敬，译. 上海: 华东师范大学出版社，2001: 6.

（Spirit）的结合，即课程内容体系首先包括培养学生科学理性及逻辑推理能力的科学知识，并赋予其故事性的丰富想象力，注重探索创造过程中的个体感觉与体验。为此，课程内容要求具有宽泛、丰富、一定非确定性和启发性，以达成促进探索的课堂气氛。[①]

针对目前这种知识爆炸的现实，珀金斯（David Perkins）在 2014 年从生活价值的视角提出了"什么知识最值得学习"（What's Worthy Learning）的追问。珀金斯的判断非常直接，他通过论述传统学习过分关注学生的学业成绩、掌握了解性知识、强求专业知识，发现传统学习总是使学生在未来的社会生活中陷入被动。珀金斯认为，之所以传统学习会使学生在未来的社会生活中陷入被动，是因为传统学习忽视了知识的真实内涵以及具有生活价值的知识。珀金斯指出，教育的本来目标在于促进具有生活价值的学习，在此过程中，教授学生具有生活价值的知识，实现智慧的通达是一种未来的智慧。珀金斯建议以"未来智慧"的视角看待教育，实现为未知而教（Educating for the Unknown），学生才能够参与为未来而学的实践。[②]

二、学习者受教育目的的转变

对教育活动来说，教育目的不仅关系教育活动培养什么人的问题，还关系教育内容的确定、教育方法的选择、教育培养目标的制定等问题，必然对学生的评价产生重要影响。教育目的是人们进行教育活动的出发点和归宿。教育目的有狭义和广义之分。这里我们采用狭义的教育目的。具体来说，是指一定国家和地区为教育活动确定的培养人才的质量规格和标准，是社会通过教育过程要在受教育者身上形成所期望的结果或达到的标准。对教育目的的演进进行分析有助于学生评价理念的确定。下面从中华人民共和国成立以后的教育目的演变角度呈现转变的过程。

（一）中华人民共和国成立初期的探索阶段

这一阶段主要指的是 1949 年中华人民共和国成立到改革开放之前这个

---

① 多尔．后现代课程观［M］．王红宇，译．北京：教育科学出版社，2000：250.

② 珀金斯．为未知而教，为未来而学［M］．杨彦捷，译．杭州：浙江大学出版社，2015:64.

时间段。在社会主义改造的前几年，我国对教育目标的规定还处于过渡摸索期。在社会主义改造阶段完成后，1958年，《中共中央国务院关于教育工作的指示》规定，"党的教育工作方针，是教育为无产阶级的政治服务，教育与生产劳动相结合"，"教育的目的，是培养有社会主义觉悟的有文化的劳动者"。这是中华人民共和国历史上唯一一次明确对教育方针与教育目的做了分别陈述。1961年的《中华人民共和国教育部直属高等学校暂行工作条例(草案)》(即《高教六十条》)以及1963年的《全日制小学暂行工作条例(草案)》(即《小学四十条》)、《全日制中学暂行工作条例(草案)》(即《中学五十条》)把1957年、1958年提出的教育目的合二为一，"教育为无产阶级政治服务、教育与生产劳动相结合"，"使受教育者在德育、智育、体育几方面都得到发展，成为有社会主义觉悟的有文化的劳动者"。1978年，《中华人民共和国宪法》将上述教育目的进一步明确为："教育必须为无产阶级政治服务，同生产劳动相结合，使受教育者在德育、智育、体育几方面都得到发展，成为有社会主义觉悟的有文化的劳动者。"此次规定的教育目的不是作为指导纲领提出的，而是对前二十年教育事业的总结。

(二) 改革开放阶段

这一时期，典型的教育目的经过四个阶段的实践逐渐成熟。1978年，十一届三中全会通过的《中国共产党中央委员会关于建国以来党的若干历史问题的决议》提出，要"坚持德智体全面发展、又红又专、知识分子与工人农民相结合、脑力劳动与体力劳动相结合的教育方针"。1983年，邓小平为景山学校题词，"教育要面向现代化、面向世界、面向未来"。这一题词并不算是标准意义上的教育目的，但它体现出了前所未有的新活力，带给中国教育事业的影响绝不亚于任何时期的教育目的。1985年，《中共中央关于教育体制改革的决定》指出，教育必须"面向现代化、面向世界、面向未来，为90年代以至下世纪初叶我国经济和社会的发展，大规模地准备新的能够坚持社会主义方向的各级各类合格人才"，"所有这些人才，都应该有理想、有道德、有文化、有纪律，热爱社会主义祖国和社会主义事业，具有为国家富强和人民富裕而艰苦奋斗的献身精神，都应该不断追求新知，具有实事求是、独立思考、勇于创造的科学精神"。1990年十三届七中全会通过的《中共中央关于制定国民经济和社会发展十年规划和"八五"计划的建议》以及1993年的《中国教育改革和发展纲要》都强调："教育必须为社会主义现代化建设服务，必须与生产劳动相结合，培养德、智、体全面发展的建设者和接班人。"1995年，上述教育目的被略做调整，载入我国教育的根本大法。《中华人民共和国教育法》规定："教育必须为社会主义现代化建设服务，必须与生产劳动相结合，培养德、智、体等全面发展的社会主义事业的建设者和接班人。"

（三）让人民满意阶段

这一阶段的教育目的基本上是在"为社会主义现代化建设服务"基础上的进一步发展，兼有为社会主义现代化建设服务和为人民服务双重属性。把为人民服务、教育与社会实践相结合写入教育目的，"有利于更加充分地发挥教育促进社会全面进步和人的全面发展的积极作用"。2007年，党的十七大报告指出："坚持育人为本、德育为先，实施素质教育，提高教育现代化水平，培养德智体美全面发展的社会主义建设者和接班人，办好人民满意的教育。"到2016年，我国又提出了新的更为具体的中国学生发展核心素养。中国学生发展核心素养以科学性、时代性和民族性为基本原则，以培养全面发展的人为核心，分为文化基础、自主发展、社会参与三个方面，综合表现为人文底蕴、科学精神、学会学习、健康生活、责任担当、实践创新六大素养，具体细化为国家认同等十八个基本要点。根据这一总体框架，可针对学生的年龄特点进一步提出各学段学生的具体表现要求。

总体而言，教育目的规定对学生的评价是一种宏观的价值和实践的指引，作为课堂层面的教学评价必须以此为基准。

三、学习者学习条件的转变

在教育发展的历程中，我国先后经历了传统的课堂学习到20世纪出现的虚拟网络学习，再到近年来为大家所重视的移动学习，以及正在开始并在将来大有发展前景的泛在学习。

(一) 传统课堂的知识传递

在课堂中，教师在规定的时间内向几十个学生讲授教学内容，完成课堂教学，这是笔者习惯的场景。当然这样的场景在未来的很长时间内会继续存在，有其积极意义。但是，传统的课堂教育教学却经常违背双向理解的交互原则，教师经常以独白的方式作为教学形态来传递知识，学生则以简单的应答作为满足教师的问题需求，即教师主要负责教、学生主要负责学的模式。教师教、学生学表现的是一种"刺激—反应"的无意识行为过程，学生的学习和知识的获得是外部教师教授的刺激结果，只要控制教师教的行为，就能控制和预测学生的学习行为，从而控制和预测学习效果。由此可见，如果教师一味强调教的形式，那么双向理解的交互就成了教师的独白，而这种独白所产生的学生应答只是对知识的复制或再现。教学方式上注重的是知识的灌输，即知识的掌握，而非知识的生产和创建。从这个层面上说，学习材料只是教师控制知识的一种与学生无关的介质；对于学生而言，它成了教师教案或教师教学设计的复制品。学生对学习材料的阅读与理解只处在浅表层面，学习材料中的信息没有真正纳入学生自身的知识结构与经验中，学生也没有对学习材料中所暗含的价值与意义进行深刻的理解。[①]

(二) 现代技术发展下的学习

在这一阶段，家电技术、计算机技术等为学生的学习提供了更多的选择和支持。以程序教学为基础。在电视技术和计算机技术的参与下，学习的形式更多开始出现人—机对话的模式，对传统的教师—学生知识传递产生了极大冲击。伊里奇（Ivan Illich）喊出了"废除学校"的口号，提出建立"非学校化社会"的主张，并设计了四种学习的途径：第一种是方便教育对象进入学习的途径，有书籍、收音机、显微镜和电视机等；第二种是选择交流的途径，希望掌握一门职业技术的学生与能够向他们传授这门技术的教师发生联络；第三种是同等水平协作，他们以共同的利益和兴趣为原则，通过计算机进行学习活动；第四种是独立的教师体系途径，教师们集合优质资源协作

---

① 罗洁. 信息技术带动学习革命［J］. 中国电化教育，2014(1)：15-22.

完成高质量的教学任务。[①] 当然，伊里奇所主张的理想学习形态并没有得到完全实现，但是这一时期由教学中的"教"逐渐转向了"学"，突出了"学"的地位。同时，这一时期认知心理学的发展为学习的分类和条件做出了大量研究，其成果对学习的实践和评价也产生了重要影响。

(三) 信息技术影响下的学习

这一时期的典型特征是在个人电脑技术和互联网技术的迅猛发展下，学习条件发生了重大变革——虚拟学校、虚拟教室和虚拟学习 (网络学习) 将现实学校进行了极大的延伸。虚拟学习环境下的交互因其载体、模式、表现形式等特殊性而成为一种彻底理性的数字符号化交互，突破了现实时空的限制，成为与课堂交互不同的一种全新的人—机—人交互方式，而非人—机交互方式。

随着包括手机在内的移动技术的进一步突破，学习条件发生了进一步转变，移动学习成为一种人们日常学习的方式。在移动技术支持的泛在学习环境中，学习无缝地融合在信息空间和物理空间之中，任何学习者都可以随时随地获得学习支持，并在正确的时间、以正确的方式来做正确的事情。移动学习在我国具有更大的基础和机会。根据我国国家互联网信息办公室的统计，截至 2019 年 6 月，我国网民规模达到 8.54 亿人，互联网普及率达到 61.2%。其中手机网民规模达到 8.47 亿人，手机上网的比例达到 99.1%。从群体结构来看，我国网民群体中学生最多，占比为 26.0%[②] 具体数据如图 1-5 所示。我们学生的这种学习条件变化，必然会引起学习的变化和学习评价的变化——学习的形态变得更为碎片化，技术的介入变得更多，如何利用信息技术的条件来促进学生新的学习形态值得我们密切关注，并思考应对策略。同样地，学习形态的改变必然会带来教学形态的转变，教学评价的形态也会随之改变。

[①] Ivan Illich. Deschooling Society [M]. Harrow Books, 1971:154.

[②] 中华人民共和国国家互联网信息办公室. 中国互联网络发展状况统计报告 (第 44 次) [EB/OL].http://www.cac.gov.cn/2019-08/30/c-1124938750.htm.

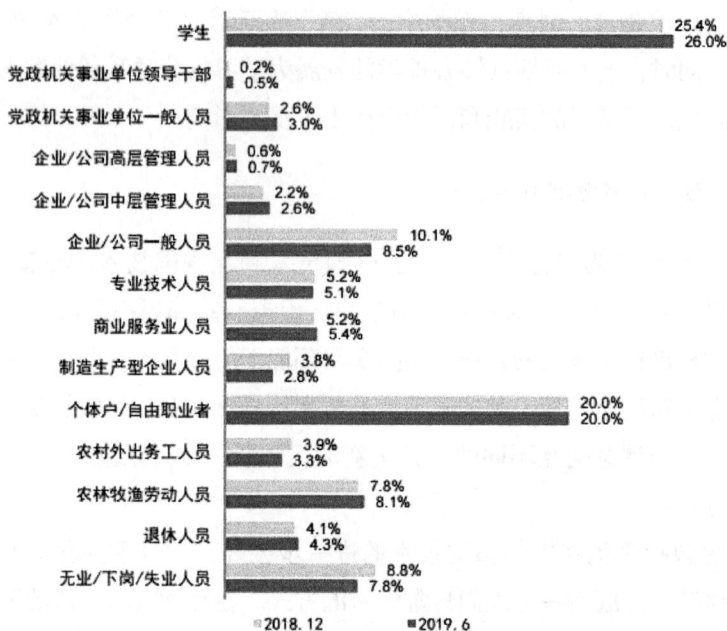

图1-4　截至2019年6月，我国网民群体构成情况

　　韩愈在《进学解》中说——言未既，有笑于列者曰："先生欺余哉！弟子事先生，于兹有年矣。先生口不绝吟于六艺之文，手不停披于百家之编。记事者必提其要，纂言者必钩其玄。贪多务得，细大不捐。焚膏油以继晷，恒兀兀以穷年。先生之业，可谓勤矣。觚排异端，攘斥佛老。补苴罅漏，张皇幽眇。寻坠绪之茫茫，独旁搜而远绍。障百川而东之，回狂澜于既倒。先生之于儒，可谓有劳矣。沉浸醲郁，含英咀华。作为文章，其书满家。上规姚姒，浑浑无涯；周诰、殷《盘》，佶屈聱牙；《春秋》谨严，《左氏》浮夸；《易》奇而法，《诗》正而葩；下逮《庄》《骚》，太史所录；子云，相如，同工异曲。先生之于文，可谓闳其中而肆其外矣。少始知学，勇于敢为；长通于方，左右具宜。先生之于为人，可谓成矣。然而公不见信于人，私不见助于友。跋前踬后，动辄得咎。暂为御史，遂窜南夷。三年博士，冗不见治。命与仇谋，取败几时。冬暖而儿号寒，年丰而妻啼饥。头童齿豁，竟死何裨。不知虑此，而反教人为？"那么，当代教师应该具备怎样的条件才能更好地有效教学，从而促进学生的学习呢？反思教师职业发展会给我们带来更多视角。

第一节 转型中的教师职业

教师职业的转型可以从职业在社会发展中的变化、教师作为职业从业者的发展阶段以及教师应该具有的知识等视角来进行考察。

一、教师职业的演变

教师职业的发展从无到有，从原始时代的"巫"、奴隶封建时代的"师"变成独立职业，再到专门培养教师的机构的诞生，到如今我们把教师作为专业技术人员看待，需要具备相应的专业素养和水平，经历了一系列的发展阶段。教师从"职业"到"专业"的发展脉络大致可分为以下四个阶段。

(一)非职业化阶段

教育是和人类社会同时产生的。在人类社会初期，教育活动与其他活动融合在一起，教师并没有从其他行业中分离出来，还不是一种独立的职业。原始社会时期最常见的现象是巫医的占卜活动，中国古代的占卜通常被称为术数之学，巫师便是术师，原始的巫医、巫师、术师便可看作教师形象的本源。巫师自身不仅受过专门的训练，并且拥有丰富的知识，如宗教知识、文化知识、医药知识，等等，他们可通过师徒传授的形式对他人进行文化教育，传播宗教知识等。这里的巫师可以被看作"原始文化科学知识的保存者和传播者，是知识分子的前身"。[①]

① 金忠明.教师教育的历史、理论与实践［M］.上海：上海教育出版社，2008：20.

(二) 职业化阶段

随着学校的产生以及体力劳动和脑力劳动分工的出现，开始有专门的人员从事教师职业，但此时教育的一个重要特点是"学在官府""以吏为师"，官师一体，教师这一职业并不是独立的。随着社会的进一步发展和社会阶层的演变，出现了私学，独立的教师职业由此而产生。如我国春秋时期的诸子百家竞相提出了自己的政治理想和主张，并且设学授徒，宣传自己的学说和思想。古希腊的智者也以专门教授人们知识为主。私学教师逐渐成为一种行业，但并没有形成从教的专业技能，教师职业专业化程度很低，从业人数也十分有限。到了隋唐以后，教师职业化更加明显，教师也有了相应的准入和考核制度。隋唐时期，中国形成了完备的官学制度。官学相当于今天的公办学校，既有小学，也有大学；既有综合性学校，也有专科学校。当然，教学管理和要求更规范更严格了，对教师从业资格和教学能力都有一套完善的考核办法。例如，《登科记考》中所说的："诸博士、助教，皆计当年讲授多少以为考课等级。"宋熙宁八年（1075 年）实施的"教官试"制度大概是中国教育史上最难通过的教育主管和教师资格考试。《文献通考·学校七》称，由于考试过严，元丰元年（1078 年），全国州、县的教授"只五十三员"，"盖重师儒之官，不肯轻授滥设故也"。[①]

(三) 专门化阶段

教师职业的专门化是社会发展到一定阶段的结果，以专门培养教师的教育机构的出现为标志。世界上最早的师范教育机构诞生于法国。1681 年，法国基督教兄弟会神甫拉萨尔（Lassal）在兰斯创立了第一所师资训练学校，拉开了师范教育的序幕。之后，奥地利、德国也开始出现短期师资培训机构，这些机构在奥地利称为师范学校，在德国称教师进修班。它们大都是非独立机构，设在中学里，培训时间短，水平也不高。直到 18 世纪中下叶，随着普及初等义务教育的实施以及教育科学化和教育心理学化的推进，教学开始作为一门专业从其他行业中分化出来，形成自己独立的特征。1765 年，

[①] 毛礼锐.中国教育史［M］.北京：人民教育出版社，1979：341.

德国首创公立师范学校；1795 年，法国巴黎师范学校建立；1838 年，美国在马萨诸塞州创立美国第一所公立师范学校。这些专门的师范教育机构标志着教师职业专门化的开始。[①] 我国最早的师范教育产生于清末。1897 年，盛宣怀在上海开办南洋公学，分设上院、中院师范院和外院，师范院即中国最早的师范教育。1898 年，在北京成立了京师大学堂的师范馆，我国教师培养开始走向专门化。

(四) 专业化阶段

伴随着教育改革和师范教育的发展，人们对教师的要求从"数"的增加转为"质"的提高，教师逐步向专业化方向发展，已经成为许多重视教育的国家追求的目标。专业化是一个社会学概念，其含义是指一个职业在一定时期内逐渐发展成熟，具备鲜明的专业标准，并获得相应的专业地位的过程。在长时间的发展过程中，教师职业的社会地位相对稳定。随着社会对教师职业认同感的提高，教师职业的要求自然也被不断提高。社会学者根据职业的本质、特征将其划分为专门职业和普通职业。根据学术衡量标准，教师职业是一种专门性职业，它需要经过专门的师范教育训练、掌握专门知识和技能，通过培养人才为社会服务。1966 年 10 月，联合国教科文组织和世界劳工组织在巴黎会议上通过了《关于教师地位的建议》，提出"教师工作应被视为一种专业"。1996 年，第 45 届国际教育大会以"加强变化世界中教师的作用"为主题，强调教师在社会变革中的作用，并建议从以下四个方面予以实施：通过给予教师更多的自主权和责任，提高教师的专业地位；在教师的专业实践中运用新的信息和通信技术；通过个人素质和在职培养，提高其专业性；保证教师参与教育变革以及与社会各界保持合作关系。[②] 20 世纪 80 年代中后期，美国掀起了"教师专业化"改革浪潮。这股浪潮之后，法国、德国、澳大利亚等国也都先后进入了教师教育改革的高潮，"促进教师专业发展""提高教师专业地位"不仅是教师组织和教育工作者的诉求，也是各国学者、各国政府和社会的共同呼声。我国于 1993 年 10 月颁布的《中华人民

---

① 陈建宗 . 教师职业学 [M] . 郑州：河南人民出版社，2004：45.

② UNESCO. Recommendation Concerning the Status of Teachers. Paris, 1966. 它由前言和十三章，一共一百四十六条组成，对教师职业的发展产生了重大影响。

共和国教师法》把教师界定为"履行教育教学职责的专业人员"。从我国法律上讲，"专业"是我国社会职业中的一大门类，"专业人员"是指具有某种专业知识技能，经政府认定许可，从事某种专业活动的人员。教师是专业人员，这就意味着教师职业与医生律师等职业一样成为一种专门职业。后来我国相继颁布了《教师资格条例》(1995年12月)和《教师资格条例实施办法》(2000年9月)，通过资格认定的方式体现对教师专业职业的要求。

纵观教师职业的发展历程，当代教育科学分化与综合并举，已经从一门或几门比较抽象和一般的教育学原理发展成为一个具有诸多分支学科和具体学科的教育学学科群，这大大提高了教育科学的学术地位，也有利于师范教育更好地发展。当代师范教育把学术性和师范性很好地结合起来，师范教育的专业化水平相应地被提高到与文、理、工、商等专业并驾齐驱的地位，从而更有效地保证师范教育质量。从教师的职业发展可以看出，现代教师职业的专业形态是现代社会分工和职业分化越来越细的产物。与远古和古代教师相比，现代教师职业已发展成为具有较高行业标准的一种专业。教师是从事教育教学的专业人员，这是现代教师职业的基本性质。

二、教师的专业发展阶段

从事任何职业都面临着职业技能的提升和处理相关问题水平的提高问题，教师职业同样面临这样的问题。从教师的实际专业发展状况来看，并不是所有教师都能顺利通过各个发展阶段达到优秀教师的阶段。这与教师能否完成相应阶段要求的核心问题有关，突出的一个方面是能否最终满足有效促进学生学习(当然同时能解决促进自己的教学并获得自我实现)。关于教师发展阶段的研究，目前已经相对成熟，这里选取一些有代表性的研究成果进行分析。

(一)富勒的关注阶段观点

20世纪60年代末，美国得克萨斯大学的富勒(Frances Fuller)是最早的教师专业发展阶段的研究者。他以教师关注事物在其成长中的更迭为研究对象，采用问卷调查研究的形式，提出了职前教师专业发展阶段理论，认为职前教师的专业发展要经历任教之前关注阶段(pre-teaching concerns)、早期关注求生阶段（early concerns about survival）、关注教学情境阶段（teaching situation concerns）和关注学生阶段（concerns about pupils）等发展阶段。[①]（1）在任教前关注阶段，职前阶段的学生只是想象中的教师，仅关注自己；（2）在早期关注求生阶段，实习教师所关注的是自我胜任能力以及作为一个教师如何"幸存"下来，关注对课堂的控制、是否被学生喜欢和他人对自己教学的评价；（3）在关注教学情境阶段，教师主要关心在目前教学情境对教学方法和材料等限制下，如何正确地完成教学任务，以及如何掌握相应的教学技能；（4）在关注学生阶段，教师开始把学生作为关注的核心，关注他们的学习、社会和情感需要以及如何通过教学更好地影响他们的成绩和表现。富勒的研究属于开创性的研究，虽然对教师的专业发展关注并不全面，但是为后续的研究提供了良好的开端。

（二）卡茨的发展时期观点

在富勒之后，卡茨（L.G.Katz）在其基础上将在职教师（任教五年及五年以下）的发展分为求生（survival）、巩固（consolidation）、更新（renewal）、成熟（maturity）四个阶段。每个阶段，教师发展的特征都有所不同，那么，教师在每一阶段要着重解决的主要问题也是不同的。[②]

在求生阶段，刚刚开始，任教的教师处在一个适应阶段。这一阶段，教师主要处理理想与现实之间差距的问题，教师关心的是能否在新的工作单位生存下去，能否在学校站稳脚跟。也就是说，在任教的刚开始两年，教师在精神上是处于紧张状态的，在逐渐地了解学校，了解学生，了解新的工作环境。这一阶段，不仅教师处于求生阶段，在适应新的工作环境，学生也处在适应教师的过程中，也是学生对教师由陌生到熟悉再到了解的重要时期。这一时期是建立良好师生关系的重要时期，关系到教师和学生双方今后的学习和生活。在这一过程中，师生双方都在"试探"着，师生的心理都保持着一定距离。

---

① Ralph Fessler. Understanding and Guiding in Professional Development of Teachers［M］. Longman, 1992:22.

② L. G.Katz & J.D. Raths. Advances in Teacher Education［M］. Ablex Publishing Co., 1986:192.

在巩固阶段，任教两三年的教师渡过了求生阶段，有了处理教学事件的基本知识，并开始巩固所获得的教学经验和关注个别学生。也就是说，教师开始从教学情境中运用自己的教学经验进行教学，同时关注个别学生并试图从多角度了解学生，期待自己的教学更加适合学生的发展。此时，对于学生来说，应该积极地与教师交流，和教师之间相互了解。这不仅对教师的发展来说很重要，同时，对于学生来说，这也是一个了解教师的机会，是为了自己学习顺利进行的必要准备。只有了解教师、了解教师的教学风格，才能更好地组织学习。

更新阶段和巩固阶段是教师专业发展的重要阶段。在更新阶段，教师要克服对教师这一职业重复机械的工作的厌倦情绪，同时进行自我心理调节，采取积极的态度进行教学，只有如此，教师在专业发展方面才会顺利进行，只是采用一味地抱怨、消极情绪是不能帮助教师走出专业发展的困境的。教师专业发展进入巩固期说明在从业的五年内，教师能够处理好自己的专业懈怠，能够很好地调节自己的消极情绪。在这一重要阶段，因为教师的工作是具有情境性的，所以教师要在实际教学中不断丰富自己的专业实践知识。

(三) 伯利纳的教学专长观点

伯利纳（D.C.Berliner）认为，教学专长的发展过程包括新手、进步的新手、胜任型教师、能手和专家五个阶段。[①]

具体来说，第一，新手阶段。新手教师就是刚刚从事教学工作的教师，他们处理问题时刻板地按照规则、规范、计划进行，理性而缺乏灵活性。他们需要了解与教学有关的一些实际情况和具体复杂的教学情境。对他们来说，现实的实践积累比学习理论知识更重要。

第二，进步的新手。教师将自己的实践经验与所学的知识逐步联系起来，并找出不同情境中的一些相似性，而且有关情境的知识也在增加。经验对教学行为的指导作用在提高，个体可以忽略或打破一些僵死的规则，灵活

① D. C. Berliner. Learning about and learning from expert teachers [J]. International Journal of ducational Research, 2001(5): 463-482.

性较新手阶段增强，但教师不能很好地区分教学情境中的重要信息和无关信息，对自己的教育教学行为缺乏一定的责任感。

第三，胜任型教师。处于这一阶段的教师能按个人的想法处理事件、选择信息，并能够对所做的事情承担更多责任。同新手和进步的新手相比，胜任型教师有更多成功与失败的经验。胜任型教师的教育教学行为还没有达到快捷、流畅和灵敏的程度。

第四，能手。能手阶段的教师的教育教学水平已经接近认知自动化的水平，而且具有较强的直觉判断能力，他们有能力从积累的丰富经验中综合地识别出情境的相似性，甚至从截然不同的事件中看到它们内部的联系。这种直觉判断能够使教师更确切地预测事件。

第五，专家。新手、进步的新手、胜任型教师处理教学问题是比较理性化的。能手处理问题是直接的，而专家处理问题则是非理性的。他们善于处理教育教学情境中的复杂问题，在直觉判断的基础上，能够以非分析性的方式，凭借他们的经验准确地发现问题，并采取合适的解决方法。换言之，他们具有非常准确、可靠的判断力，表现出优秀的技能和认知努力的经济性，能够有效处理特定类型的难题，同时能从具体领域的拓展性经验中获得特有的技能或知识。发展到专家的教师精英能说明甚至制定教学领域的规则、标准或理想。

同时期，斯特菲（B. Steffy）提出了教师生涯发展模式观点，休伯曼（M. Huberman）提出了教师职业生活周期观点，利斯伍德（K.A. Leithwood）提出了教师发展阶段理论，等等，这些都极大地对教师的成长研究提供了丰富的理论基础。这里考虑篇幅，对之后的研究观点不再展开详细的描述，接下来转换到国内有代表性的观点。

（四）国内对教师发展阶段的观点

国内对教师发展阶段的研究相对滞后于国际教师发展阶段的研究，研究的方法与主题具有一定的内在一致性，但是具体关注点和实践有一定差异。

例如，叶澜从自我更新的角度对教师的专业发展提出了以下发展阶段①：第一，非关注阶段。非关注阶段是在成为职业教师前。在无意识的状态下以非教师职业定向的形式形成了较稳固的教育信念，具备了一些"直觉式"的"前科学"知识。这只是一种从教的可能性，谈不上专业发展。这一阶段体现的是"长大后我要成为你"。

第二，虚拟关注阶段。这一阶段指师范生入职前的阶段（包括实习）。他们开始思考合格的教师的要求，在虚拟的教学环境中获得某些经验，对教育理论及教师技能进行学习和训练，有了对自我专业发展反思的萌芽。这一阶段体现的是"我马上能成为你"。

第三，生存关注阶段。即新任教师阶段。在现实的冲击下，新任教师产生了自我专业发展的忧患意识，特别关注专业活动中的"生存"技能，专业发展集中在专业态度和动机方面。

第四，任务关注阶段。度过生存关注阶段后的教师逐渐步入任务关注阶段。随着教学基本"生存"知识、技能的掌握，教师的自信心日渐增强，由关注自我的生存转到更多地关注教学上来。由关注"我能行吗"转到关注"我怎样才能行"。这一阶段的专业发展受职称晋升等的影响较大，发展的意识主要来自外部，自我发展意识比较薄弱，且不成熟。

第五，自我更新关注阶段。经过任务关注阶段之后的教师已经完全掌握了教学机制和课堂管理策略，不再受外界评价或职业升迁的影响与牵制，自觉依照教师发展的一般路线和自己目前的发展条件，有意识地自我规划，以谋求最大程度的自我发展，关注学生的整体发展、学生是否真的在学习、教学内容是否适合学生、学生的差异如何等，并积累了比较科学的个人实践知识。

又例如，钟祖荣等人结合国际研究，经过调查提出了教师发展的五个阶段。② 他们认为，按照教师素质、能力表现，结合教龄，可将教师专业发展划分为五个阶段：(1) 初步适应期 (工作的第 1 年)；(2) 适应和熟练期 (工作的第 3—5 年)；(3) 探索和定位期 (工作第 10 年左右)；(4) 教学成熟期 (工作第 15 年左右)；(5) 专家期 (工作第 20 年左右)。第一阶段初步适应期的主要

---

① 叶澜. 教师角色与教师发展新探 [M]. 北京：教育科学出版社，2001.

② 钟祖荣，张莉娜. 教师专业发展阶段的调查研究及其对职后教师教育的启示 [J]. 教师教育研究，2012(6)：20-25.

任务是正确把握教材内容，学会备课上课；第二阶段适应和熟练期的主要任务是把握学科知识结构体系，正确把握教材内容，系统深入了解学生；第三阶段探索和定位期的主要任务是纯熟驾驭课堂教学，把握学科知识结构体系，深刻理解学科本质和思想方法；第四阶段教学成熟期的主要任务是深刻理解学科本质和思想方法，开展教育研究或实验，改变教育观念和思维方式；第五阶段专家期的主要任务是开展教育研究或实验，深刻理解学科本质和思想方法，总结和反思自己的教学。从各段任务的选择可以看出一些规律：一方面，各阶段的任务有不同的重点，反映出一定的发展趋势。在学科的把握上，是从教材内容的分析到把握学科知识体系，再到掌握学科本质与思想方法；在关注点上，从教材与教学关注到研究学生；在教学能力上，从备课上课基本要求到纯熟驾驭课堂；在实践的重点上，从教育教学到教育研究和总结。另一方面，各段之间具有连续性，主要任务在两个相连的阶段上都有较高的比例。

随着教师发展理论走向实践，教师的实践性知识研究得到了重视。核心观点主要有四点。(1)个人的：教师专业实践知识具有高度的个体性色彩，是教师个体在教学过程逐渐发展起来的；(2)经验的：教师专业实践知识是其个人不断经过实践经验的累积与重组的结果；(3)建构的：教师专业实践知识是教师基于专业上的需要，通过发现、修正与内化等复杂的过程建构的；(4)再诠释的：教师不断将既有的知识融入课堂教学中，并经过个人的重新诠释与转换，使知识的形式符合现有的环境需求。

当然，国内的研究还有非常多的讨论，远不止上面罗列的内容，但是研究的内容并没有太多创新，更多的还是对国际理论发展的评述和介绍，或者是对入职后培训的实践指导或经验概括，实质上的突破还不多。

三、教师应具备的资质转型

教师应该具备哪些条件才能较好地完成教师的职责是教师研究中的另一个重要领域。

其中，教师知识的研究汗牛充栋。我们结合教师知识的研究，审视作为一个合格的教师应该具备哪些条件，从这一过程中也可以看出其发展和当下的要求。

(一) 教师专业化之前的资质要求

这里的分类是一个大致的分期，分为两个大的阶段：1966 年之前的准教师专业化和 1966 年之后的教师专业化，以联合国文献《关于教师地位的建议》为分界点。

以我国为例。从早期的"以巫为师""官师合一"到教师成为一种相对独立的职业，相应地，对教师的要求就越来越具体化了。荀子就是一位极力推崇教师地位和作用的代表。他在《荀子·礼论》中说道："师术有四，而博习不与焉。尊严而惮，可以为师；耆艾而信，可以为师；诵说而不陵不犯，可以为师；知微而论，可以为师。"即当教师有四个条件，一般的传习学问不在其列；一是有尊严，使人敬畏；二是年纪五六十岁，有崇高的威信；三是讲授解说准确适当，不违背师道；四是能体会精微之理，且能加以阐发。按照这样的价值观，教师在教学过程中必然要处于绝对的主导地位。荀子主张学生必须无条件服从教师，做到"师云而云"，不能把教师的教导抛在脑后，否则就是背叛，即其所说的"言不称师谓之畔，教不称师谓之倍"。

到了汉代之后，对教师有了一定的统一要求。汉武帝建元五年 (公元前 136 年) 设置五经博士。五经博士的职位只有被官方认可的儒家五经大师才能担任。汉武帝采纳丞相公孙弘的建议，由朝廷为五经博士选置弟子，有固定的名额和选拔标准，并享有官方给予的待遇。这也是汉代太学的开端。唐代在国子监的统领之下设有国子学、太学、四门学、书学、算学、律学六学，为中央官学。中央官学的教师有博士、助教、直讲等。博士分经进行讲授。直讲佐助教，助教佐博士。博士和助教既是学校的教师，又为朝廷有品级的官员。在宋之后，教师的地位降到了低谷。元代，教师是由儒生担任的，而儒生的地位很低，曾有"一官、二吏、三僧、四道、五医、六工、七匠、八娼、九儒、十丐"的说法。虽然有韩愈等人对教师有所论述，也出现了《千字文》(周兴嗣)、《三字经》等经典教材，但是对教师如何才能更好地完成教学任务言之寥寥。对教师的统一培养直到民国才开始有了质的突破，一个重要标志是形成了统一的培养方案，具有明确的培养规格。

国外在历史发展早期对教师的资质要求还没有我国的系统，但是在工业革命之后发展很快。例如，1681 年，拉萨尔在法国兰斯创立了第一所师资培训学校，可以看作师范教育的开端。

(二) 教师专业化之后的资质要求

1966 年，《关于教师地位的建议》发布后，"应把教师工作视为专门的职业，这种职业要求教师经过严格地、持续地学习，获得并保持专门的知识和特别的技术"这样的观念开始产生深刻影响。20 世纪末，经合组织（OECD）发布了一系列关于教师专业化的报告——《教师培训》《今日之教师》《学校质量》，对教师的专业化改革起到了重要的推动作用。

教师专业化对合格的准教师和教师的资质要求主要体现在各国近三十年来纷纷推出的各种教师专业标准之中。教师专业标准是确立和提升教师专业地位的重要前提，是评价教师教学质量的必要依据；建立客观、科学的教师专业标准是教学成为一门专业的基本标志，教师专业标准还是建立教师教育标准体系的核心内容。有鉴于此，教师专业标准研究与开发日益受到国际社会的关注，并成为世界教师教育改革与教师专业发展领域的一大热点。从各国现有实施的教师专业标准来看，主要有以下类型：一种是对准教师（师范生或者预备成为教师的培养项目）的专业标准；一种是对教师的不同发展阶段的专业标准（例如，英国）；还有一种是将职前、职后分开评定的专业标准。

我国在 2005 年启动教师教育课程标准的研制工作，相关成果为教师专业标准的建立奠定了良好的基础。2012 年，教育部印发了《中学教师专业标准（试行）》《小学教师专业标准（试行）》《幼儿园教师专业标准（试行）》。之后，在 2013 年和 2015 年分别印发了《中等职业学校教师专业标准（试行）》《特殊教育教师专业标准（试行）》。① 接下来，我们以我国中学阶段的教师专业标准为例进行呈现。

1. 专业标准定位

中学教师是履行中学教育教学工作职责的专业人员，需要经过严格的培养与培训，具有良好的职业道德，掌握系统的专业知识和专业技能。《中学教师专业标准》是国家对合格中学教师的基本专业要求，是中学教师实施

---

① 上述文件都可以在教育部网站上找到正式文本。http://www.moe.gov.cn/srcsite/A10/s6991/201209/t20120913_145603.html.

教育教学行为的基本规范，是引领中学教师专业发展的基本准则，是中学教师培养、准入、培训、考核等工作的重要依据。其基本理念为：师德为先、学生为本、能力为重、终身学习。

2. 专业标准内容

专业标准内容分为专业理念与师德、专业知识、专业能力三个维度，职业理解与认识、反思与发展等十一个领域，共提出了六十三条基本要求。具体内容见表2-1。

表2-1　我国中学教师专业标准内容

维度	领域	基本要求
专业理念与师德	职业理解与认识	1. 贯彻党和国家教育方针政策，遵守教育法律法规。
		2. 理解中学教育工作的意义，热爱中学教育事业，具有职业理想和敬业精神。
		3. 认同中学教师的专业性和独特性，注重自身专业发展。
		4. 具有良好的职业道德修养，为人师表。
		5. 具有团队合作精神，积极开展协作与交流。
		6. 关爱中学生，重视中学生身心健康发展，保护中学生生命安全。
		7. 尊重中学生独立人格，维护中学生合法权益，平等对待每一位中学生。不讽刺、挖苦、歧视中学生，不体罚或变相体罚中学生。
		8. 尊重个体差异，主动了解和满足中学生的不同需要。
		9. 信任中学生，积极创造条件，促进中学生的自主发展。
		10. 树立育人为本、德育为先的理念，将中学生的知识学习、能力发展与品德养成相结合，重视中学生的全面发展。
		11. 尊重教育规律和中学生身心发展规律，为每一位中学生提供适合其自身的教育。
		12. 激发中学生的求知欲和好奇心，培养中学生的学习兴趣和爱好，营造自由探索、勇于创新的氛围。
		13. 引导中学生自主学习、自强自立，培养良好的思维习惯和适应社会的能力。
		14. 尊重和发挥好共青团、少先队组织的教育引导作用。
		15. 富有爱心、责任心、耐心和细心。
		16. 乐观向上、热情开朗、有亲和力。
		17. 善于自我调节情绪，保持平和心态。
		18. 勤于学习，不断进取。
		19. 衣着整洁得体，语言规范健康，举止文明礼貌。

维度	领域	基本要求
专业知识	教育知识	20. 掌握中学教育的基本原理和主要方法。
		21. 掌握班级、共青团、少先队建设与管理的原则与方法。
		22. 掌握教育心理学的基本原理和方法，了解中学生身心发展的一般规律与特点。
		23. 了解中学生世界观、人生观、价值观的形成过程及其教育方法。
		24. 了解中学生思维能力、创新能力和实践能力的发展过程与特点。
		25. 了解中学生群体文化特点与行为方式。
	学科知识	26. 理解所教学科的知识体系、基本思想与方法。
		27. 掌握所教学科内容的基本知识、基本原理与技能。
		28. 了解所教学科与其他学科的联系。
		29. 了解所教学科与社会实践及共青团、少先队活动的联系。
	学科教学知识	30. 掌握所教学科课程标准。
		31. 掌握所教学科课程资源开发与校本课程开发的主要方法与策略。
		32. 了解中学生在学习具体学科内容时的认知特点。
		33. 掌握针对具体学科内容进行教学和研究性学习的方法与策略。
专业能力	通识性知识	34. 具有相应的自然科学和人文社会科学知识。
		35. 了解中国教育的基本情况。
		36. 具有相应的艺术欣赏与表现知识。
		37. 具有适应教育内容、教学手段和方法现代化的信息技术知识。
	教学设计	38. 科学设计教学目标和教学计划。
		39. 合理利用教学资源和方法设计教学过程。
		40. 引导和帮助中学生设计个性化的学习计划。
	教学实施	41. 营造良好的学习环境与氛围，激发与保护中学生的学习兴趣。
		42. 通过启发式、探究式、讨论式、参与式等多种方式，有效实施教学。
		43. 有效调控教学过程，合理处理课堂偶发事件。
		44. 引发中学生独立思考和主动探究，发展学生的创新能力。
		45. 发挥好共青团、少先队组织生活、集体活动、信息传播等教育功能。
		46. 将现代教育技术手段整合应用到教学中。

维度	领域	基本要求
专业能力	班级管理与教育活动	47. 建立良好的师生关系，帮助中学生建立良好的同伴关系。
		48. 注重结合学科教学进行育人活动。
		49. 根据中学生世界观、人生观、价值观形成的特点，有针对性地组织开展德育活动。
		50. 针对中学生青春期生理和心理的发展特点，有针对性地组织开展有益中学生身心健康发展的教育活动。
		51. 指导学生理想、心理、学业等多方面发展。
		52. 有效管理和开展班级、共青团、少先队活动。
		53. 妥善应对突发事件。
	教育教学评价	54. 利用评价工具，掌握多元评价方法，多视角、全过程评价学生发展。
		55. 引导学生进行自我评价。
		56. 自我评价教育教学效果，及时调整和改进教育教学工作。
	沟通与合作	57. 了解中学生，平等地与中学生进行沟通和交流。
		58. 与同事合作交流，分享经验和资源，共同发展。
		59. 与家长进行有效沟通合作，共同促进中学生发展。
		60. 协助中学与社区建立合作互助的良好关系。
	反思与发展	61. 主动搜集分析相关信息，不断进行反思，改进教育教学工作。
		62. 针对教育教学工作中的现实需要与问题，进行探索和研究。
		63. 制定专业发展规划，积极参加专业培训，不断提高自身专业素质。

第二节　教师的评价素养

　　教师在日常教学工作中碰到痛并快乐着的事情莫过于考试这件事。一方面学生的分数牵动着各方面的神经，学校关注着、学生关注着、家长和社会更加关注着。同时，教师的各种考核与之密切相关。另一方面，如果取得了理想的成绩，那么会皆大欢喜。在教育改革中，大家对评价方式颇多微词，觉得评价是各种教育改革的瓶颈。从优秀教师的表现来看，教学评价素养在其中起到过很大的作用。现在世界上所有的教师专业标准都一致把教学评价的能力纳入其中，显然这是值得我们关注的。教学评价素养是不是教师教学之后，拿一份现成试卷考一下，然后批改评定学生的成绩就体现出来了呢？答案是否定的。

一、教学评价的发展

教学评价是一个既古老又年轻的领域。说它古老，是因为比较早就出现了相对规范正式的教学评价。例如，我国在隋唐时期就出现了影响世界的科举考试，出现了很多诸如墨义、帖经、策问、诗赋和经义等评价形式。墨义就是围绕经义及注释所出的简单问答题。在一张卷子中，这类题目往往多达30—50道。帖经有如现在试卷中的填空与默写。考官从经书中选取一页，摘取其中一行印在试卷上。考生根据这一行文字要填写出与之相联系的上下文。策问即议论。考生依据考官提出的有关经义或政事问题发表见解，提出对策。策问所及范围较广，有政治、教育、生产、管理等，比起帖经、墨义来，其难度更大，有的还有一些实用价值。对于诗赋，唐高宗永隆二年（681），有人认为明经多抄义条，议论只谈旧策还是表现不出真才实学，建议加试杂文两篇（一诗一赋），于是开始了诗赋考试。经义是围绕书义理展开的议论。如果说策问还有考生发挥的余地，那么经义便已经无所谓个人的思想，考生唯朝廷指定的"圣贤书"是尊。自宋朝开始，经义取代帖经、墨义，而明朝就干脆专考经义。而说它年轻，是因为教学评价的现代发展是从20世纪的心理测验才开始算的。可惜的是，虽然我国对于教学评价有着得天独厚的土壤，但是在现代的系统化发展上是落后的。我国现代的教学系统更多体现的是与世界接轨的特征。

对教学评价的现代发展，列维（A. Lewy）[①]与古巴（E. G. Cuba）和林肯（Y. S. Lincohn）[②]做了很好的梳理，我们结合这两份研究进行表述。教学评价发展的第一阶段就相当于上一段所说的古典阶段。这一阶段，教学评价主要

---

① A. Lewy. Postmodernism in the Field of Achievement Testing ［J］. Studies in Educational Evaluation, 1996(3):223-228.

② E. G. Cuba & Y. S. Lincohn. Fourth Generation Evaluation ［M］. Sage, 1989.

体现在教师通常用口头提问的形式检查学生是否掌握了所学知识，并记住一些重要部分。之后才是教学评价的现代发展。教学评价发展的第二阶段为心理测量范式阶段。主要特征是科学效率测量工具在学校成绩测验中的应用，以选择题为主的笔纸测验为主要形式。这一时期，随着自然科学的发展，各种统计、测量技术得以快速发展，一批以心理学为主的评价研究者开始将这些技术应用到教育领域。例如，比奈-西蒙智力量表的应用。但是科学管理运动造成了"学校被视为工厂""学生被视为原料和产品""教师被视为加工者"。之后，随着泰勒（Ralph W. Tyler）"八年研究"成果的发布，这一现象有了一定程度的改观。他指出：评价应该是一个过程，不仅是一两个测验。评价过程不仅要报告学生的成绩，更要描述教育结果与教育目标之间的一致程度，从而发现问题，改进课程教材和教育教学的方案与方法。[①] 到了 20 世纪五六十年代，随着教育改革的深入，教学评价的本质被认为是"判断"（judgement）。教学评价的核心问题是：对已经确定的目标是否需要评价？是否需要价值判断？判断是否需要标准？如果需要标准，能否建立科学的、客观的、价值中立的标准？总体而言，既然目标并非评价固定不变的标准，那么评价就应当走出预定目标的限制，过程本身的价值也应当是评价的有机构成。当然在这一阶段，实验或者说心理测量的传统还一直占据着统治地位。第三阶段为当代教学评价时期，相当于 20 世纪 80 年代到今天这一时期。这一时期主要有两个特征：一是增加了教师在评价领域中的权威（相对于由教育外部人员承担的"专业评价"），二是对某些心理测量原则的适切性提出质疑，并以开放的结论以及评价（assessment）这一概念来代替以前所用的"评价"（evaluation）。在这一阶段，更多的研究者认为，建立在心理测量基础上的评价方法适用范围狭窄，不能解决教学评价中所遇到的复杂问题。因此，更多采用新的、文化人类学的研究范式取代旧有的范式，即评价不是对预期结果进行测量，而是对整个方案，包括前提假设、理论推演、实施效果以及困难等进行全面而深入的研究。质性研究方法开始推广开来，教育性评价得到重视，新的评价理念不断开创，相当于古巴所说的"第四代评价"。

---

① R. W. Tyler. The Five Most Significant Curriculum Events in the Twentieth Century［J］. Educational Leadership, January 1987.

二、教师评价素养

教师教学生，这是大家都知道的常识，但是教师对如何在教学中实施评价未必都了解。有的教师会说："我在上课的时候经常观察到小明上课讲话或者打瞌睡，这样我就会得出小明上课不认真或者小明是个怪脾气孩子的结论。"这不就是教学评价吗？对于教学评价来说，这不是真正意义上的教学评价，也不够严谨。

教师对教学评价到底应该了解些什么？曾经波帕姆（Popham）总结过历史上的一些回答：一是为了诊断学生的优势与不足。一方面只有知道学生遇到了什么困难，你才能提供有针对性的教学指导。通过评价识别出来的不足将成为今后教学的重点。另一方面，教师要知道学生已经能做什么，如果学生已经掌握了某些知识/技能，可教师还是一味地提供教学指导，那就等于"往纽卡斯尔运煤"（"多余安排"的讽刺意思，因为英国纽卡斯尔市到处都是煤矿）了。二是监控学生的进步。即帮助教师评判学生是否取得了预期的进步。一种重要的评价形式为形成性评价，这种评价旨在改善不成功的但仍有补救余地的教学。三是评定等级。这是多数教师的反应。教学评价最重要的功能是什么？大多数教师的回答会是给学生评定等级。四是评价自己的教学效果。例如，前后测的概念已经为广大教师所熟悉，但前后测的结果并不能作为教学成败的唯一标准。[①]

那么，到底什么是教师的评价素养？对教师评价素养的关注是近几十年的事情，也是教师角色当代转型的要求。国内王少非较早提出了教师评价素养问题。他认为，教师的评价素养就是指教师所拥有的关于评价活动诸领域的知识、技能、能力和相关的理念。首先，教师需要有关外部评价的专业素养，特别重要的是对外部评价结果的理解、解释和运用，更需要关于课堂教学层面评价的专业素养，因为相对于外部评价的检测、甄别和选拔功能而言，课堂教学层面的评价着眼于教学的改善。其次，教师的评价素养不是基于心理测量学的评价素养，而是关于教育评价的专业素养。心理测量学期望

---

① W. James Popham. Classroom Assessment: What Teachers Need to Know(3rd Edition)[M]. Allyn & Bacon, 2002:5-8.

测量个体稳定的心理品质，而教育评价期望有效促进个体的学习。最后，教师的评价素养是内化于教师日常评价行为之中、无须教师有意识地加以监控的品质。[①] 郑东辉认为，所谓课堂评价素养，就是教师综合运用促进学习的评价观念、知识与方法开展学生学业成就评价所表现出来的基本能力和伦理品格。[②] 李妍霖综合现有研究文献认为，关于教师评价素养的构成要素，分析后发现研究者们一般认为教师评价素养由评价态度、评价知识和评价技能组成。评价态度是表明教师对学生学业评价相信什么、坚持什么，用怎样的评价理念看待学业评价，但此处她认为采用评价理念这个更上位的概念更能突出评价素养的精髓，评价理念相比评价态度更具有基础性、科学性和指导性，是评价知识和评价技能的支柱与来源。除了评价理念、评价知识和评价技能外，其认为评价伦理也应该作为一个重要的研究因素，这四个方面共同构成教师评价素养的框架。[③] 在国外，对教师教学评价素养研究较有影响的有波帕姆和斯蒂金斯（R.J. Stiggins）等。在波帕姆看来，教育评价素养指的是个人对评价基本概念和程序的理解，并对教育决策产生可能的影响。[④] 在斯蒂金斯看来，为了实践教育性评价，革新的教师归根结底需要锻造自己的评价素养，包括评价的概念、评价的意识、评价的规划、评价的解释、评价的描述、评价的评估、评价的改进、评价的伦理等诸多要素。[⑤]

此外，根据评价素养的形态做出分析也别具一格。他们认为，从实践语境来看，教学评价素养可以看作教师评价行为特征；从政策语境来看，教学评价素养可以看作评价学生的手段；从交往语境来看，教学评价素养则是师生交往的机制。从教师评价行为角度出发，作为教师，特别是高效教师行为特征的评价素养，体现了将改善教育实践转换为改变教师行动的认知取向，立足教师改变。作为认知取向的教师改变主要涉及三个主题：第一，改变包括调整教师的教育信念；第二，改变是一个连续的、反思的、不断生成的过

---

① 王少非. 教师评价素养的现状、框架及发展建议［J］. 人民教育，2008(8)：31-35.

② 郑东辉. 教师评价素养提升建议［J］. 人民教育，2017(15-16)：32-37.

③ 李妍霖. 教师评价素养的结构探析［J］. 基础教育研究，2017(19)：11-16.

④ W. J. Popham. Assessment literacy overlooked: A teacher educators confession［J］. The Teacher Educator. 2011(46)：265-273.

⑤ R .J. Stiggins. Assessment literacy［J］. Phi Delta Kappan, 1991(72)：534-539.

程，教师成为持续学习者；第三，教师需要学习如何理解操作原理，而不是按照既定路线或浅表程序行动。从评价素养是教师评价学生的手段出发，作为评价学生手段的评价素养面对的问题是如何适应改革需要，促进学生的发展性学习，如何做好从教育政策到教学实践之间的转化（包括标准化测试和问责制的评估，以及形成性和总结性的课堂评价、解释、交流和报告）。从师生之间的交往出发，作为师生交往机制的评价素养体现了恢复评价素养主体性，寻求教师教学评价素养存在意义的认知取向，立足于理解教学。作为师生交往机制的评价素养展现出渗透机制、建构机制和推进机制的作用。①

三、教师专业标准中的评价素养

教师专业标准是对教师专业素养的基本要求。它从专业知识、专业技能实践和专业品质等方面规定了教师应知、应会与应持的具体内容等。那么，在标准所描绘的整体专业素养结构中，评价素养处于怎样的位置？它是否受到了应有的重视？与其他内容标准呈现出什么样的关系？

周文叶比较了包括中国在内的多国教师专业标准，回答了这个问题。②在中国标准中，主要体现在对学生日常表现进行观察与判断，发现和赏识每一位学生的点滴进步；灵活使用多元评价方式，给予学生恰当的评价和指导；引导学生进行积极的自我评价；利用评价结果不断改进教育教学工作。在澳大利亚标准中，主要体现在开发、选择并运用正式和非正式、诊断性、形成性和总结性的方法来评价学生的学习；向学生提供与他们学习目标相关的学业成就反馈信息，并且做到及时、有效、适切；理解并参与评价调适工作，支持有关学生学习的一致性和可比较的判断；运用学生评价数据来分析、评估学生对学科内容的理解程度，确定干预事件，并调整教学实践；使用准确、可靠的报告单清晰、准确、有礼貌地向学生、家长监护人报告有关学生学业成就的信息。在英国专业标准中，主要体现在有效地运用一系列合适的观察、评价、监控和记录策略，作为设定有挑战性的学习目标和监控

---

① 余闻婧，吴刚平. 教师教学评价素养的形态及其意义［J］. 全球教育展望，2014（11）：52-59.

② 周文叶，周淑琪. 教师评价素养：教师专业标准比较的视角［J］. 比较教育研究，2013（9）：62-69.

学习者进步和成就水平的基础；给学习者、同事、家长和监护人提供关于学习者学业成就、进步和发展领域的及时、准确和富有建设性的反馈；支持并指导学习者反思他们的学习，确定他们已经取得的进步，设定积极的提升目标，使之成为成功的独立学习者；将评价作为教学的一部分来诊断学习者的学习需求，设定实际的和有挑战性的提升目标，并规划以后的教学。

相对来说，美国教师专业标准中的描述更为具体。主要体现在三个方面：第一，知识层面。理解形成性和总结性评价在评价中的不同运用，并知道如何合理运用；理解评价类型的范围和评价的各种目的，并知道如何设计、调整或是选择合适的评价来处理特定的学习目标和个体差异，从而减少评价结果的偏差来源；知道如何分析评价数据来理解学习中的模式和差距，指导规划教学并给所有学习者提供有意义的反馈；知道何时与如何使所有学习者参与分析他们自己的评价结果，帮助他们为自己的学习设定目标；明白有效的描述性反馈对学习者的积极影响，并知道各种传达这类反馈的策略；知道何时与如何评价和汇报学习者的进步；知道如何使学生为评价做好准备、如何布置测试环境特别是对于有障碍和语言学习需要的学习者。第二，能力层面。在适当的时候平衡形成性评价和总结性评价的运用以支持、证实和记录学习；设计与学习目标相匹配的评价，使评价结果的偏差来源最小化；能够独立或与其他教师合作来检查测试和其他表现性数据，了解每位学习者的进步并给予其指导计划；使学习者理解并能界定有效任务，给他们提供有效的描述性反馈以引导其进步；作为评价过程的一部分，引导学习者以多种方式来展示知识和技能；使过程模式化和结构化，指导学习者检验他们自己的思维方式、学习和表现；有效地使用多种、合适的评价数据来确定每位学生的学习需要，开发差异化的学习经验；使所有学习者为特定的评价形式做好准备，安排舒适的空间与测试环境特别是对于有障碍和语言学习需要的学习者；不断寻求合适的方法与技术来支持评价实践，使学习者更投入地学习，评价和关注学习者的需要。第三，意向层面（致力于使学习者积极地参与评价过程）。开发每位学习者审视和交流自己进步和学习的能力；有责任使教学、评价和学习目标保持一致；致力于给学生提供有关他们进步的及时、有效的描述性反馈；致力于运用多种评价方式来支持、界定和记录学习；致力于安排好评价和测试环境，尤其对于有障碍和有语言学习需要的学

习者；致力于合乎伦理道德、使用各种评价及其数据来确定学习者的长处和
需求，以促进学习者的成长。

可以说，在实践中，教师专业标准对评价素养的描述更为重要，这会
直接指导教师的评价实施行为。同时这也意味着到了现在这个阶段，教师的
评价素养问题不再仅仅停留于理论层面的呼吁，而是现实教学的必然要求。

第三章

转型中的教学评价

　　教学评价的范式演变具有悠久的历史，但是真正发生重大转变的时间并不长，也就不到百年。按照托马斯·库恩（Thomas Kuhn）提出并在《科学革命的结构》（The Structure of Scientific Revolutions）（1962）中系统阐述的范式概念，它可以用来界定什么应该被研究、什么问题应该被提出、如何对问题进行质疑，以及在解释我们获得的答案时该遵循什么样的规则来思考教学评价范式的转型。本章主要探究两个发生重大转变的主题：促进学习的教学转型和人工智能影响下的教学评价发展。

第一节 促进学习的教学评价转型

教学评价一直被视为影响教育教学的重要因素，但以往评价更多关注的是结果评价或者中考、高考之类的高利害评价，教师在日常专业实践中对学生的评价即课堂评价没有得到应有的重视。直到近年来，评价实践才与课程实践、教学实践一起被视为教师专业实践的三个核心领域。即课堂评价在教师专业实践中居于核心地位，会直接影响学生的学习质量且会影响其他专业实践领域的实践活动。那么，为什么教学评价需要这种转变？这就需要我们对教学评价的原有范式进行反思，并厘清促进学习的教学评价范式。

一、对以心理测量科学化教学评价范式的反思

我们并不是说以前的教学评价没有帮助教师有效地进行教学，但不可否认的是，建立在心理测量和科学化教育思想基础上的教学评价（尤其高利害的教学评价）给教育教学实践带来了巨大的负面影响。

曾经波帕姆分析过不合理的课堂高利害评价带来的后果。他认为，如果不对以下几方面后果有清醒认识的话，那么教学评价给学生带来的影响肯定会是弊大于利。第一，对教育管理的误导。今天的教育正在接受教育测验的冲击，人们越来越关注如何提高学生在教育测验上的得分，即"好的测验分数等于好的教育"。令人恐惧的是，强迫教师提高学生的测验分数实际上是一个分数助推的游戏。在这个游戏中，教育者根本就没有可能获胜，至少在不损害学生的前提下是没有可能的。例如，根据测验分数给学校排名，一所"失败"的学校教师实际上做了最好的教学工作，但是他们的努力往往在学生的测验分数上没能体现出来。第二，课程虚无。在考试分数的压力下，

许多教师有这样的苦恼：如果我们的主要工作是提高考试分数，那么为什么还要浪费时间去教那些不会被测验的东西呢？在这样的情况下，首先被排除教学范围的是那些装饰性的学科，比如音乐和美术等。在教学内容上也是如此。例如数学考试只是考察低水平的认知技巧，那么教师还会去教授高水平的数学技能吗？教师不是"恶棍"，他们更可能是受害者。不幸的是，最根本的受害者是学生。第三，练习和毁灭。与前面紧密联系的是，大量教师会让学生做大量的练习，尤其是那些与考试相关的练习。如果教师让学生陷入永无止境的练习，那么大量学生选择永久的放弃也是不足为奇的。第四，测验压制下的欺骗。在分数的压力下会出现各种腐蚀教育的行为。例如，教师会围绕特定的考试题目来设计教学，或者教授克隆的考试题目。这是一种非常有效的提高学生分数的方式，问题是尽管学生的分数会提高，但是他们对于学习内容的掌握却是不变的。[①]

上述观点是对过去测验的一个深刻反思，而其背后的理论基础更值得我们反思。从考试形式的发展过程来看，客观化和标准化是测量时代追求的目标。评价者只是对学生的特征进行测量，并不对测量结果做出解释，属于事实测量或者技术性评价。它只关注客观的信度，期许纯粹的一系列测量数据能够揭示事物的真相。典型的观点就是："凡是存在的东西都有数量，凡是有数量的东西都可测量。"[②] 在教学评价领域，典型的追求就是测验理论研究，其代表性的理论有经典测验理论（Classical Test Theory, CTT）和项目反应理论（Item Response Theory, IRT）。

经典测验理论是人们对 20 世纪上半叶提出的真分数、信度、效度等概念模型体系的总称。该理论的一个基本假设是真分数的确定性。该理论认为，每个被测量者对被测量的心理素质都有一个唯一确定的真值，这个真值就是该被测量者的"真分数"，而通过测量直接得到的观测分数 N 是由真分数 T 和随机测量误差 E（比如，考试时，我们会经常听到，考试临场发挥得好、平时准备得不好、考试当天天气不好影响心情等，这些都成为影响测试

---

① W. James Popham. The Truth About Testing: an Educators Call for to Action［M］. The Association for Supervision and Curriculum Development, 2001:Chapter 1.

② 李聪明 . 教育评价的由来 . 转引自瞿葆奎主编 . 教育学文集教育评价卷［M］. 北京：人民教育出版社，1989:63.

结果的不确定因素，或者我们称之为变量）组成的，即 N= T+ E 。因此，该理论又称真分数理论。在上述假设的基础上，我们可以从理论上推导出评价考试与试题的十几个参数模型。如以各题得分与总分相关系数表示的题目区分度参数、以真分数方差与观测分数方差之比表示的考试信度参数、以考试分数与效标分数的相关系数表示的考试预测效度等。经过几十年的不断实践和完善，一些学校已经建立了自己的测验方法体系，使测验（考试）过程建立在较为客观的基础上。目前，该理论已广泛地应用于考试的过程设计、试题编制、试卷分析、分数转换等方面，成为国际上普遍采用的一种考试理论。

项目反应理论是 20 世纪 50 年代以后发展起来的现代测验理论中一种研究较为深入、应用较为广泛的测验理论。项目反应理论以下列一组假设为前提：第一，单维性假设。测验中所有题目测量的是同一种心理特质（潜在特质）。第二，局部独立假设。被试者对某一道题目的反应仅决定于该题目的参数和被试者的能力水平，与被试者能否答对其他题目无关。在以上假设的基础上，项目反应理论认为，被试者在测验中的表现完全由其心理特质所决定，有什么样的心理特质，就有什么样的心理表现。被试者在题目上的表现与其心理特质的关系可用一个单调增加的数学函数来描述。这个数学函数叫作题目（项目）特征函数，其图像叫作题目（项目）特征曲线，主要有正态曲线模型和逻辑曲线模型。根据项目反应理论得到的题目参数独立于被试者样本，能够弥补经典测量理论的欠缺和不足，完善解决许多单纯应用经典测量理论难以解决的问题，其研究和应用日益广泛，尤其在教育心理学方面的研究更是如此。

实际上，虽然这样的测验理论对实践起到了极大的推动作用，但是存在的问题也是不容忽视的。例如，早在三十年前，张冀生就指出：经典测量理论在应用上的局限在于，该理论的一些项目指标随被试者在该项目上的反应而有所变化。例如，该理论以被试者的通过率或答对率作为试题的难度参数，这种难度实际上是相对难度，是适用于以排序为目的的选拔性考试，而不适用于以达标为目的的学科成绩考试。学科成绩考试的难度应以试题内容在所考学科知识能力体系中的地位和掌握该题内容的难易程度来决定。这实际上是绝对难度的概念，无论被试者解答该题的成绩如何，均不影响该题的难度。此外，经典测量理论关于区分度的概念也不适用于学科成绩考试，因为学科成绩考试的目的在于检验被试学生是否合格，无择优的任务，各题的应答正确率越高越好，而某一试题的应答正确率越高，其区分能力就越差。①

这种范式下的评价理论把客观性表征为量化，在评价工具、评价信息和技术分析方面都不同程度地显示了量的优先性。例如，侧重。如侧重选择标准化测试或问卷等量化性质的评估工具，倾向将评价信息按一定标准进行量化，注重利用量化技术分析评价信息和数据。以上保证客观性的措施是为了探寻教育现实之间相互联系、相互作用的法则和规律，认为只要理解了这些法则和规律，那么任何人采用相同方法都应该得到相同的评价结论。如同康宏在评论这种教育评价取向时所说的："可见，前三代评价理论假设的客观性是其评价理论的核心和行动的导向，同时突出了前三代评价理论的工具理性色彩。"②

其实，从 20 世纪 50 年代起，国外对这样的评价范式批评不断。在伍德（R.Wood）看来，用标准化测验的质量标准衡量出来的所谓"良好的"评价对于促进学习即使不是无效的，至少也是低效的。这样一种指向支持学习的教育评估显然不能基于心理测量学，心理测量学范式从根本上不适合学生学业成就的评估。③ 在柏拉克（H. Berlak）看来，心理测量学范式中测验的不只是不适合教育评价的问题，甚至对学校教育产生了明显的阻碍作用。"植根于一个不合时宜的范式之中的标准化和效标参照测验阻碍了学校的更新和重建。当我们进入 20 世纪的最后十年时，至少对于那些外在于测验编制的人而言，标准化测验和大部分效标参照测验所基于的假定是明显站不住脚的。"④

应该说，科学化的心理测量评价范式比较适合大规模考试。与大规模

① 张冀生. 两种考试理论的适用性比较 [J]. 中国电大教育，1993(3):22-26.

② 康宏. 从规范认识的视角反思高等教育评价的价值 [J]. 江苏高教，2011(6):18-20.

③ R. Wood. Assessment for learning, In: Little, A. & A. Wolf(eds.) Assessment in Transition: learning, monitoring and selection in international perspective [J]. Pergamon.1996：255.

④ H. Berlak . The need for a new science of assessment, In: Berlak, H., et al, Toward a New Science of Educational Testing and Assessment [M]. State University of New York Press, 1992：12.

考试不同，教学评价不同于智商测验等心向或能力倾向评价，其是一种学习评价。学习的本质就是变化，教学评价本质上就是对变化的评价。心向评价关注的是个体具有的稳定的、不受污染的特质，变化恰恰是其认为的被"污染"的表现，需要尽力加以避免。学习则是"污染"的结果，教学评价所关注的实际上是学校教育"污染"的结果。

二、促进学习评价范式的突围

今天，教育考试行业已经成为一个庞大的产业，在教育领域也不例外。同时，考试尤其各种大规模的外部考试对教育教学的负面影响也日益显现在人们面前。然而，"由以心理测量学作为学科背景的测量专家为主体构成的评价界努力追求评价的科学化，强调专业共同体，创造了一套外行很难理解的独特话语系统，将包括教师在内的许多教育评价从事者视为非专业的外行人，隔离于他们的专业之外"。[①] 与之相反，促进学习的评价范式将教师、学生等构成一个整合课程、教学与评价的有机体，共同朝着实现教育目的努力。

(一) 对教学评价本质的认识

在促进学习的评价范式下，教学评价不再被视为独立于教育教学过程外的附加物，而是教学或学习过程中一个不可分割的一部分，并且更加认识到"如果评价不能在课堂层面有效地运行，那么其他层面的评价纯粹是浪费时间和金钱"。在斯蒂金斯看来，"学校教育的使命已经从给学生排名转向确保所有的学生都能达到特定的标准了，所以评价的目标和形式也必须同时发生改变"。[②]

自 20 世纪中叶开始，教育界就标准化测验的作用及效果一直没有达成共识。具体地说，在评价什么、为何评价、怎样评价及如何使用评价结果来支持学习这些问题上并没有达成一致的看法。在促进学习的评价范式下，查

① 王少非. 教育评价范式转换中的教师评价素养框架 [J]. 教师教育研究, 2009(2):64-69.

② Rick Stiggins. From Formative Assessment to Assessment FOR Learning:A Path to Success in Standards-Based Schools [J]. Phi Delta Kappan, Vol. 87, No. 04, December 2005, pp. 324-328.

普斯（Stephen Chappuis）等认为，教学的使命是为了确保所有学生都能学好，深信这点的人才能建立、管理卓越评价体系。他们了解所有学生都能学习，并以不同的进度来容纳学生之间的差别；他们也理解积极性的学习环境能帮助学生提高学习的能力，寻求学习和评价的外界干预措施来支持这种学习能力的成长；卓越评价体系中的教育者深信学习的愿望必须发自学习者的内心，他们知道通过所描述的对学习的评价与为了学习的评价之间的均衡能激发和支持这种愿望。评价体系的开发者和使用者理解、认识到，由于历史的原因，教师和管理人员的培训与合理评价实践要求还有差距，要使这些实践者为自己和学生肩负起课堂评价的责任是不现实的，这就有必要伴随合理实践，通过专业发展弥补这种差距。①

促进学习的评价（assessment for learning）是相对于对学习的评价（assessment of learning）而言的，反映了教学评价在基础教育不同发展阶段的变化，以及不同的评价观念和价值取向。对学习的评价反映了传统教学评价的观念和方法，关注学习结果，目的是给学生分等和鉴定。促进学习的评价既关注学习结果，也关注学习过程，目的在于促进学生学习的成功。倡导促进学习的评价，并不否认对学习的评价在现实中的需要和功能，应该将二者相结合，建立一种平衡的教学评价体系，甚至可以将对学习的评价结果用于促进学习的诊断和改进。这一对概念与形成性评价和总结性评价的内涵基本一致，但促进学习的评价与形成性评价相比较，更加突出强调促进和加强学习，更加强调学生的主动参与，而不仅是检查学习或将学习者置于评估过程的中心地位。

关于促进学习的评价的本质认识，布莱克（Paul Black）和威廉（Dellan William）提出的促进学习的评价的十大原则可以作为最好的注解。这十大原则如下：

（1）评价是有效教学计划的一部分。强调要将评价整合到学习的整个过程之中，而不是仅在单元或学期结束时才进行。教学计划要包括一些策略来保证学生理解学习目标以及用于评价学习的标准，要为教师和学生提供获取

---

① Stephen Chappuis, etl. Assessment for Learning: an Action guild for School Leaders [M]. The Assessment training Institute, Portland, 2005:20.

并利用学习进步情况的机会。

（2）评价要关注学生如何学习。要求教师在进行教学设计时考虑学习的过程，要给予学生提供反思学习过程的机会。教师要设计课堂策略，帮助学生更好地了解作为学习者的自己。

（3）评价是课堂实践的中心。强调评价和教学是一个紧密联结的过程。只要教师提问题或布置学生需要完成的学习任务，评价就在发生。学生需要在评价的过程之内。

（4）评价是教师关键的专业技能。评价是复杂和要求很高的工作。教师需要为评价、观察学习、分析和解读学习证据、提供反馈，以及支持学习者自我评价制订计划，需要像设计师和评审员那样进行思考。教师特别需要发展这些技能。

（5）评价具有敏感性和建设性。强调教师要充分认识评价对于学生情感性的影响，需要敏感和富有建设性地去对待。对于学生的反馈，必须以情况的分析为基础，而不是以这个人为基础。对学生的反馈要本着帮助所有学生愿意学习、帮助他们感觉有能力学习的原则来进行。

（6）评价要激发学习动机。评价要鼓励学习者增强自信。要通过认可学习者的进步和成就而不是关注学习者的缺陷来实现激励的目的。

（7）评价要促进对目标和标准的理解。为了使学生的学习成就最大化，学生需要理解并能表达他们要达到的目标，并且需要有意愿达到这个目标。

（8）评价要帮助学习者了解如何做出改进。评价的首要目的是帮助学生改进，学生需要得到指导要改进什么，如何改进；教师要以恰当的方式向学生反馈他们的学习情况和改进建议，并为他们提供改进的机会。

（9）评价要发展学生的自我评价能力。要通过学生的自我评价使学生成为反思学习的自我管理者。

（10）承认所有学生的所有学习成就。要让所有学生取得他们最好的成绩，并且让他们的努力得到承认。[①]

---

① P. Black & D. William. Inside the Black Box: Raising the Standards Through Classroom Assessment［J］. Phi Delta Kappan, 1998(2) :139-148.

(二) 促进学习的教学评价的实践指向

以上促进学习的评价范式所声明的价值观和信仰必须转化为可操作的具体评价程序，才能真正在教学层面得以实现。查普斯等人提供的一个框架可供我们借鉴，具体来说有以下几个方面的内容。[①]

1. 准确定义学业目标

首先，无论哪个层次的课堂教学，叙述学业目标必须以成就标准为起点。学习评价必须告诉我们关于每个学生达成每个标准的信息。

其次，为了建设学习的评价的基础，学校和 / 或更高的教育层级必须把标准分解为课堂层面的成就目标，学生通过长期掌握这些课堂层面的目标，进而达到标准要求。为了确保学生的熟练水平得以提高，当地课程开发者和教师必须事先非常清晰地理解标准，然后反思下述问题：

第一，当要求学生展示所掌握的标准时，他们必须知道什么和理解什么？成功的知识基础是什么？

第二，当学生被要求展示他们所掌握的标准时，如果达成的话，他们必须使用什么样的推理方式？他们是如何运用知识来解决问题的？

第三，如果有的话，当学生掌握标准后，他们应展示出什么样的表现技能？

第四，如果有的话，当学生掌握标准后，他们应创造出何种作品？

在设计教案时，所有标准可以上述的方式来进行分析，而教案是与正在进行的学习目标、学习的评价、为了学习的评价相匹配的。在标准驱动的教学中，这些学习目标、评价将引导学生更好地进行学习。在同一年级或不同年级，为引导学习，这样的课程匹配是需要的。

最后，在学习的开始阶段，教师必须把每个可达到的课堂学习目标转化为学生喜欢的方式，并和学习者分享。要完成这项工作，我们需要把每个学习目标转化为学生熟悉的词组和语法文本，并用好与差的作品进行配套描述。

---

① Stephen Chappuis, etl. Assessment for Learning: an Action guild for School Leaders［M］. The Assessment training Institute, Portland, 2005:24-32.

2. 满足所有用户的需求以及其他各种用途

如果评价是便利于教学决策而进行的信息搜集过程的话，那么这里就存在两个问题：这些决策是什么？谁做出决策？每次评价的建立和执行都是为了改善学习。只有当我们明确谁需要帮助时，提供的信息才有用。

我们确信不同的人因各自的任务需要，对信息的需求是不同的。比如说，课堂教学层面的使用者：学生、教师、家长。有时，教师利用证据来支持学生个体或小组的学习；有时，出于问责的目的，教师利用这些证据来证实学习的发生。为了促进学生的学习，教师需要得到获取学习证据的途径。

同样，除了教学层面的需求外，还有教育政策和教育资源层面的需求。虽然它们的决策不像课堂决策那么频繁，所需要的证据也不像课堂决策所需要的那么精确，但它们影响到更多学生。这些是对学习的评价范围内的问责决策。

3. 可靠的学习证据

为了适当地指导教学决策，卓越评价体系必须向决策者提供关于学生成就的精确信息。无论是为了支持学习或证实学习的发生，评价体系必须如自身产生的证据那样精确。

可靠评价的创设包括四个方面的具体设计决策：第一，创设者必须选择一种合适的评价方法。下述四种分类方法是有效的：选择反应（多项选择题、是非题等），书面反应（议论文），表现评价（观察和判断），以及与学生直接的个人互动（比如教学中的提问和回答）。这些方法并不能相互转换，每种方法都有各自评价学生不同类型成就的适用范围。确切地说，每种方法与一种评价目标相匹配。

第二，创设者必须为实施评价开发出足够的题目、任务或练习，从而为学生掌握的熟练程度提供充分的学生表现样例。也许我们可以做到让测验中的一个题目包含我们想要提问的所有问题，但问题是学生却没有时间来回答。用来评价的题目必须得到学生对该问题的所有表现，以及题目所包含的不同成就水平范围。

第三，评价的题目、任务或练习本身应该是高质量的。我们需要高质量的选择题、作文题、表现任务及其评分指南（量规）。如果问题和指导语本身是模糊的、措辞贫乏或不精确的话，那么学习者就很难知道自己要做些什么，要做到什么程度。这使得学习者不能显示他们知道什么和能做什么。

第四，我们还应看到，即使创设者选择了合适的方法和足够的、高质量的题目，其他一些干扰因素也会误解和歪曲评价结果。比如说，噪声和注意力分散是影响评价的干扰问题；学生生病或情绪低落、评价者的偏见等因素都会使评价结果偏离事实。精确的评价要求评价者能预计到类似这样的可能因素，并采取措施以避免这些因素影响评价结果。

4. 有效地管理和交流评价结果

从教育的整体角度来审视，卓越评价体系的有机组成部分开始于清晰地把握所要评价的各种成就，还包括明确是谁应用评价结果，以及如何应用评价结果。上述各成分组成了精确的评价体系。为了完成评价有机组成的构想，一旦评价结果出台，它们必须及时地以可理解的方式呈现于预期的使用者面前。这就对信息的管理和交流提出了挑战。

评价体系中积累的证据应以多种形式被不同的预期使用者所共享。比如说，在为了学习的评价环境里，学生和教师共同管理学生掌握标准的进步情况，评价体系必须定期揭示学生成就的变化，并以教师和学生都能理解的方式呈现出来。由于评价更多关注的是学生个体的学习，因此只要证据是旨在支持每个学生的学习，那么不同学校、班级，或总体学生的评价证据就没必要经常性地进行比较。

对于学习的评价，如果它的目的是及时证实某个特定知识点学习的情况，评价体系需要具体说明哪位学生掌握了哪个标准。或在不同的学习评价背景下，政策制定者和资源拨给者必须了解到底有多少或多大比例的学生达到了哪个标准。这些评价结果确实需要比较，从而为成就报告适当地整合出分数。

为了有效地在预期使用者之间交流评价结果，一些准则必须遵守。比如说，证据传达者和接受者必须拥有共同的对什么是学业成功有着共同的理解。如果他们对学业成功持有不同的观点，学生在评价中所体现出的表现将很难被交流。这也意味着他们对那些表达信息的符号具有共同的理解，这些符号包括测验分数、报告卡中的等级、作业样例等。如果每个人对表达的符号理解相异，错误的传达难免会发生。

第二节　教学感知度影响下的教学评价发展

促进学习的教学评价是极为关注教学的实际效果的，但是我们也要看到技术发展对教学评价的影响。人工智能与教育的融合是未来教育发展的重要趋势。人工智能时代，教师的教学方式将发生重大变革，随之教学评价在技术的支持下也将对教学的提高发挥着至关重要的影响。单技术带来的是双面的影响，我们对此必须要有一个清醒的认识。当然，对于自动评分系统的实践来说还有很多角度。例如，如何通过评价结果来为学生提供有针对性的反馈，具体描述学生在某个知识点或者内容领域的掌握情况，指出其不足并提供学习建议。这也是计算机自适应学习的重要关注点。如何通过技术手段来帮助学生达到预期的学习目标，必将是未来促进学习评价研究的一个发展方向。限于篇幅，关于自动评分对教学评价的影响不进行详细的论述，这里集中关注其中的一个重要理论基础——教学感知度对教学评价发展的影响。

在日常的教育考试中，学生的考试分数经常被用来推断学生接受教学的内容和质量。其背后的逻辑比较简单：考试分数能充分体现教学的内容和质量。如果考试分数高或者有提高，那么就认为教学质量是高的或者有提高；相反，如果考试分数低或者下降，那么就认为教学质量不高或者在下降。这种假设是不准确的，它对特定的课堂教学或者教育改革实践（例如，基于课程标准的教育评价）等情况是缺乏了解的。鉴于此，它呼吁我们亟需关注做出这种判断的标准到底应该是什么样的这一问题。如果我们还是沿用经典考试理论中的效度、信度等指标，那么仍然无法回答上述问题。教学感知度以特定的试题为基础，在教学机会与学业成绩之间建立起联系，从而建立起一个通过学生考试表现解释教学质量的框架。那么教育考试中为什么需要关注教学感知度，前人有什么样的经验可以借鉴，它有什么样的实践意蕴？

一、教育考试中为什么需要关注教学感知度

在任何利用考试进行问责的教育系统中，教学感知度都是一个关键的

效度指标。如果给教育考试中的教学感知度下一个定义的话，简单说来就是，学生在考试中的成绩能准确代表相应的教学对考试要求掌握的知识、技能等的促进程度。换言之，教学感知度指的是经过长期的高质量教学，学生在考试分数上会有明显的变化。这里所说的高质量主要涉及正常的教学，而不是简单的练习以及针对考试题的练习。在教育问责中，如果以学生的学业成绩来评判教育有效性的话，那么就必须要有证据显示学生的学业成绩（考试分数）与高质量的教学和其他学校教育活动之间存在可靠的联系。它们之间的联系不是说考试要按照教学来设计，而是考试的目标能激发教学行为和随之而来的学生学习。这种目标、教学和评价之间的配套就是匹配研究的，但是匹配研究并不能完全解决这些问题。在教育问责系统中，我们不仅希望能发现教学对学生的影响，还希望能利用教学感知度来改进教学情况。例如，考试成绩要能对教学材料选择、当前的学生和未来的学生的教学和诊断提供助力等。

从 20 世纪 90 年代开始，基于标准的教育改革影响广泛。我国在 2001 年开始第八次基础教育课程改革的目标之一就是建立基于课程标准的学业评价。在基于标准的改革中，教育行政部门为学校一套规定学生应该知道什么和能做什么的学习标准。这些标准一般是由那些体现对学生的具体要求的学习目标组成的，然而并没有规定使用哪些课程教学材料和教学策略。由于学校中的专业人士最了解学生，因此，根据标准安排相应的教育经验是他们的责任。因为标准不是课程，只是学生应该达成什么样的学业成就的指南。

为了使改革能进行下去，教师以及其他学校人员必须根据标准改编或者编制相应的课程和教学材料。在这样的逻辑下，要求外部的基于标准的考试形式的问责机制要能鼓励教师关注标准，但是绝大部分的学业标准是由宽泛的、模糊的学习目标组成的。就像杰诺米（Jerome V. Dagostino）的研究指出的，教师对学习目标的含义理解是不同的，有些教师可能会理解错误，其他教师可能会以不同的方式理解标准。如果教师对标准的含义有不同的理解，但都是可接受的话，他们的教学方式自然是不同的，从而不同班级的学生的教育经验就是不同的。[①]

这种情况对考试开发者提出挑战。为了能够体现教学质量，基于标准的考试必须囊括各种有效的课堂教学形式。事实上这种考试要求在试题编制过程中是经常被忽视的。如果给学生提供正确的基于标准的教学，他们所获的知识和技能大致能被代表标准规定的内容领域的试题涵盖，这样的假设看起来似乎很合理。尽管领域概化（domain generalization）的研究已经受到研究者的质疑，但它很少能通过基于标准的评价的教学效度分析来证实。标准和教学、评价之间的匹配在现实中是一个需要深入探讨的问题。我们认为标准应该能指导教学并成为教学的关注焦点，而测验只是知识和技能获得与应用的指标之一。以韦伯（Webb, N. L）[②] 和 赫曼（Herman, J. L）[③] 等为代表的研究者对教学、评价和标准之间的一致性做了大量的研究，提出了一些分析程序。这些程序大多数只是分析标准与试题之间的联系。虽然这些努力是有价值的，但是这些不是通用的标准。因为，大部分教育考试的试题数量并不多，或者说针对某一标准或标准的一个内容成分可能只有一道试题。因为，为了从更好地取样角度来说，某一考试还会关注考试的时间分布、考试的执行速度和成本。

教学感知度分析应该成为基于标准的评价的重要组成部分，因为它与考试结果的运用有直接的关系。假如考试不能让教师给学生提供学习机会的话，教师就不能坚持对基于标准的评价改革的身心投入。如果教师不能投入其中，那么，基于标准的改革就罕有机会促进学生的学习。在现实的教学中，教师可以从往年的试卷或者考纲中找出那些重要的内容，然后去教那些经常可能会在考试中出现的主题。教师会让学生操练那些考试内容，这样的行为短期内是有效的。但是加强教育考试教学感知度的分析，这种方式就不起作用了。教学感知的指标，会让教师的教学更多去关注课程标准，关注教

---

① Jerome V. D'agostino , Megan E. Welsh & Nina M. Corson. Instructional Sensitivity of a State's Standards-Based Assessment［J］. Educational Assessment, 2007(1): 1-22.

② Webb, N. L.. Research Monograph No. 18: Alignment of science and mathematics standards and assessments in four states［M］. Madison, WI: National Institute for Science Education,1999.

③ Herman, J. L., & Webb, N. M. (2007). Alignment methodologies［J］. Applied Measurement in Education, 20(1): 1-5.

学中知识、技能等的连续性和累积性，尤其是对那些成绩差一点的学生提供补救课程标准要求内容的机会。最终，通过高质量的教学，学生不仅掌握了必要的考试技能，而且那些高阶知识和技能等的掌握及其应用必将得到极大的改善。

二、考试命题中的教学感知度测量演进

对教学感知度的研究是伴随着标准参照测验的诞生而出现的（1960—1970）。它被认为是标准参照测验的一个重要特征。令人意外的是，在过去几十年中，标准参照测验已经得到了大量的研究，但实际在教学感知度研究上更多的是一种假设而不是研究。它更多的是标准参照测验研究文献带来的心理测量方面的财富。

对考试命题而言，教学感知度有别于难度体现出教学的功能。如果教学是有效的话，那么，试题对于那些没有接受过教学的学生来说应该是很难的，同样地，对于那些接受过教学的学生来说应该是容易的。那些测验前后分数没有差异的试题应该检查以下几个方面：第一，教学有错误；第二，试题在某些方面错了；第三，试题不恰当，不在考试范围内。因此，教学感知度就是测验试题的事情了，即教学对学生在每一道试题上的影响。在如何测量教学感知度上，主要有四种理论可供借鉴。

（一）标准参照测验的探索

最早而且从概念上明确的是考克斯和瓦格斯（Cox，Vargas）1966年提出的前后差异系数（PPDI），它与难度不同，观察的是同一批学生在教学前后在试题上的得分差异。[①] 之后，布伦恩（Brennan）等人在1971年提出了可能获得百分数（PPG）概念。[②] 计算方法是：PPG = PPDI/(1.00− 前测难度系数)。它关注了试题可能会有的改进效果。例如，如果前测难度系数是 0.40，后测

---

① Cox, R. C., & Vargas, J. A comparison of item selection techniques for norm-referenced and criterion-referenced tests［J］. Paper presented at the annual meeting of the National Council on Measurement in Education, Chicago. 1966, April.

② Brennan, R. L., & Stolurow, L. M. An empirical decision process for formative evaluation: Research Memorandum No. 4［J］. Cambridge, MA: Harvard University,1971:25.

的难度系数是 0.70，那么，PPDI 就是 0.30，PPG 就是 0.50。如果试题难度是 0.60 和 0.90 的话，PPDI 的分数都是 0.30，而 PPG 的分数就会变高达到 0.75，因为可能的改进已经被观测到了。当然对 PPG 也有批评，认为它过于强调小数量的变化。我们通过上述公式就可以看出：如果前测难度系数很高的话，那么微小的改进都会得到很高的 PPG 值。PPDI 的一个变种是布伦恩系数，其计算是基于掌握和非掌握样本的，而不是教学与非教学。此外，波峰姆（Popham）同年也提出用 phi 系数来估计教学感知度。[①] 用 0 和 1 来标记前后测中的对错情况，那么 phi 系数就是前后测成绩之间的相关系数。同时要求前后测是同一批学生。这一点在 PPDI 和 PPG 中并没有要求。

（二）经典测验中的探索

标准参照的测验运动从对传统测验方式的不满中得到了推动的力量。因在标准参照的测验分数分析中看不到变化，经典的试题区分系数受到了质疑和反对。经典的试题区分度系数是试题与测验成绩之间的点二列相关，这种差异会在标准参照的测验中变小，导致扭曲区分系数。更为重要的是，在波峰姆看来，试题与测验变量的概念是没有必要的，因为标准参照测验的目标是测量个人对各种试题的反应，而不是学生之间成绩的相关性。试题与测验变量之间的问题在 20 世纪 70 年代受到热烈讨论。集中的问题是，如果试题能区分各种情况特征的话，它就能为我们提供更多的信息。在什么条件下像经典区分系数之类的系数才能为标准参照开发者提供关于试题质量方面的信息呢？

运用经典的区分系数来分析标准参照测验试题的是哈拉蒂娜（Haladyna）。[②] 这种方法使用综合样本的点二列相关系数（COMPBI），在样本中包含足够接受过教学和没有接受过教学的学生的情况下计算试题与测

---

① Popham, W. J. Indices of adequacy for criterion-referenced tests. In W. J. Popham (Ed.), Criterion-referenced measurement: An introduction. Englewood Cliffs［M］. NJ: Educational Technology Publications,1971: 79–98.

② Haladyna, T. M. Effects of different samples on item and test characteristics of criterion-referenced tests［J］. Journal of Educational Measurement, 1974(2):93–99.

验成绩之间的相关性。因为这样的学生样本为测验分数提供了足够的变化，COMPBI 较少受到样本量的影响，可以作为一种教学感知度系数使用。其公式为：

$$Rpbi= (Mp-Mq) \sqrt{pq/Sx}$$

具体来说，Rpbi= 试题与测验分数之间的点二列相关，Mp= 作对题目学生的测验平均分，Mq= 题目做错学生的测验平均分，p= 题目做对学生的比例，q= 题目做错的学生比例，Sx = 考试分数的标准差。也就是说，当 Mp-Mq 结果越大，那么 Rpbi 就越大，它就能区分出学生有没有接受过教学。前后测分数的运用可以让经典的区分系数成为教学感知度系数。

(三) 项目反应理论中的探索

项目反应理论模型家族包括从一参数拉什模型到三参数拉什模型的所有情况。这些模型在汉姆布莱顿等人 (Hambleton & Cook) 看来 [①]，能够基本上不用考虑样本量就能估计试题的参数。这些模型用试题特征曲线 (ICC) 来估计试题的难度或者分布，三因素模型增加了区分度 (ICC 的斜率) 和一个猜测因素 (ICC 的下限)。拉什模型的优势在于它用答对试题分数 (number-correct score) 来估计能力，同时即使在小样本的情况下也能进行试题难度的聚合统计 (或者收敛统计)。在后续的研究中，研究者都认为拉什模型是可以广泛应用于学校教育考试实践的。项目反应理论是考试研究中影响最为广泛的，也是为研究者熟悉的主题，在此不再赘述。

(四) 贝叶斯原理中的探索

贝叶斯原理以三种系数为基础，它们都需要间接的信息，其最常用的类型是从没有接受过教学的学生样本中得来的前测难度。贝叶斯系数包括：B1，如果学生试题做对了，其掌握知识的概率；B2，如果学生试题做错了，其掌握知识的概率；B3，根据掌握或没有掌握知识的情况，作出正确决策的概率。这种试题分析方式意味着通过评估 B3 系数，就能更为准确地区分掌

---

① Hambleton, R. K., & Pitoniak, M. J.. Setting performance standards. In R. L. Brennan (Ed.), Educational measurement, 4th Ed. [M] . Westport, CT: Praeger,2006 :89–115.

握了的和未掌握的学生。下面的每一个计算公式都包括了前后测的试题难度信息。[①]

B1=(POSTDIFF)(COMDIFF)/(POSTDIFF)(COMDIFF)+(PREDIFF)(1-COMDIFF)

B2=(1-PREDIFF)(1-COMDIFF)/(1-PRENDIFF)(1-COMDIFF)+(1-POSTDIFF)(COMDIFF)

B3=(POSTDIFF-COMDIFF)+(1-PRENDIFF)+(COMDIFF-POSTDIFF)

其中，PREDIFF 是教学前样本的难度，POSTDIFF 是教学后样本的难度，COMDIFF 是前两者的平均数，或者叫做样本的联合难度。

值得注意的是，上述方法对测量考试的教学感知度提供了思路。我们的目的是彰显试题对教学的感知程度，而不是鉴别对试题特征产生影响的教学方法。这些分析是在试题选择过程中进行的，虽然完整的考试分数不是首要的关注对象，但是可以一定程度上说如果选择了高感知度的试题，那么整体的考试分数就能体现教学的影响。在大多数情况下，很难准确解释学生对特定试题的解答。通过缩小范围，我们可以调查特定的教学是否可以激发学生对试题作出相似的反应。虽然，我们不能精确地知道学生是如何解题的，但是可以利用教学感知度来进一步解释为什么学生在不同的教学下的成绩差异。在学生的能力水平大致相同，都考同一题目的情况下，如果接受甲种教学的学生比接受乙种教学的学生的考试成绩要好，那么就可以认为这一题目对教学的效果是敏感的。如果能力水平接近的学生，在同一道题目中的成绩都差不多，则可以认为题目对教学效果是不敏感的。在后者中，学生的成绩并不取决于教学，而是其他因素，例如能力水平或者前期的经验等。

三、考试中教学感知度的实践意蕴

在现有的教育考试中，并不是所有的试题都具有较高的教学感知度。

---

① Baker, E. L., & Herman, G. L.. Task structure design: Beyond linkage ［J］. Journal of Educational Measurement, 1983(2):149–164. Morgan S. Polikoff Instructional Sensitivity as a Psychometric Property of Assessments ［J］. Educational Measurement: Issues and Practice. 2010(4): 3–14.

如果我们相关的教育问责政策主要建立在考试结果 (分数) 之上，那么就非常有必要重视对考试命题的教学感知度的检视，否则会给教师的教学带来负面的影响。

我们怎么才能知道重在测量是否达到预期学习结果的考试能否对高质量的教学具有高的感知度呢？说简单也简单。就是教育考试命题研究者和实践者首先要对什么才是高质量的教学要有准确的把握。那么，高质量的教学具有哪些特征？它一定与考试想要解决的目标紧密相关。它代表着关键的顺序化的认知元素和内容元素，在教学中应该为相关的和前设知识提供原理化的知识和策略。这样学生就能理解为什么要运用某种特定方法或者知道自己在教学中所处的位置。教学还应该尽可能地从学习研究成果中获得指引，从而尽可能地降低认知负荷，为学生提供相关的反馈，促进学生图式的发展。为了促进这种转换，教学应该采用多种形式的测验，同时整合其他方法来体现学习的进展情况。

其次，为考试的教学感知度建立一个简便易行的判断框架。因为纯数理化的研究不仅对研究者来说不易，对多数教育政策制定者来说更是如此。这里主要从判断性和试题质量两个维度来说明我们所说的判断框架。1. 从判断性角度来说，主要考虑要评价的课程目标数量、评价目标的清晰性、单个课程目标的试题数以及整体学生社会经济地位和性别。在现实中，教师的教学是不可能完成过多的课程目标的，教师为了应对高利害的考试的简便做法便是去猜考试可能会考什么，便会出现为了考试而教的现象。如果我们的考试命题能准确侦测教师的教学质量，那么教师的教学目标与课程会一致起来。在考试命题说明中，不仅仅要告知考试的题型，更为重要的是要说明考试要测量的技能和知识体系。如果教师能准确理解考试命题的本质，那么他们的教学就能注重技能和知识体系本身，而不是教学生如何解考试题。在考试命题中，还要为单个课程目标建立数量合适的试题，例如，只有 1 个题目的话就不合适。同样的还需要考虑学生的社会经济地位，地位高的学生在传统的考试中会有较大的天然优势，所以对试题进行这方面的审查是必要的。2. 从试题质量角度来说，主要是学生在考试中的实际表现。例如，从考试角度来说学生到底有没有被教会考试要求的东西。如果教师教学生写作就是教书写、标点、语法和词语运用，而考试就是考这些的话就有问题，从而仅仅分析试题的难度就没有意义。另一个可以进行数据分析的是试题对同一批学生教学前和教学后的对比分析，如果教学后学生对特定的课程内容要求的知识和技能有较大的提高，那么就说明试题是具有较高的教学感知度的。当然，这需要对试题进行效应分析。

通过分析教学评价的历史演变可以发现，我们很容易陷入用一种单一的考试来认识和看待教学评价，而不是一种评价系统的组合，而且通常是用考试结果来代替教学评价的全过程。促进学习的教学评价不仅关注评价的结果及其完善，而且更加看重评价过程的完善，注重运用过程中的教学信息来影响评价结果，注重用评价的结果信息来影响教学过程。

如何让评价有效地促进学生的学习？也许这是新的教育评价范式亟待我们去解决的最为关键的问题。崔允漷指出以下行动策略就是让评价有效促进学习的关键：第一，评价必须有清晰的目标。所谓促进学习，实际上意味着学生在达成预定目标过程中的进步。没有目标作为参照，学生的学习是否得到促进就缺少判断的依据；没有与目标的比较，任何评价结果都是没有意义的。要让评价有效促进学生学习，教师拥有清晰的教学和评价目标当然十分重要，但更重要的是要让学生同样清楚地了解这些目标，并将之转化成自己的学习目标和自我评价目标。第二，评价必须在课堂层面持续实施。教学过程本质上是一个决策的过程，教师在课堂教学过程中常常会做出上百个决策，而良好的决策需要准确充分的证据和信息的支持；学生在学习过程中需要经常监控自己在达成目标过程中的进步，以做出改进学习的决策，这种决策要有效，同样需要充分和准确的证据与信息的支持。第三，评价必须有学生的主动参与。学生必须明确评价的目标，主动搜集信息来持续监控自己达成目标的过程，并充分运用评价结果的信息来进行自我反馈、自我调整。第四，评价需要教师具有高度的评价素养。如果我们相信评价必须促进学生的学习，相信课堂层面的评价是促进学生学习评价的主渠道，我们就必须致力于提高教师的评价素养。这是我们迎接新的评价范式到来的一个关键前提。① 这一框架对于促进学习的评价实践来说很有指导意义，但这更多的是在评价体系调整层面的话题在教学评价层面，我们认为，更应该从适合教学和学习构成的完整过程中注意到关键——准确确定学业目标、准确搜集教学信息、满足教与学的要求和有效交流评价结果等来达成促进学习。

---

① 崔允漷. 促进学习：学业评价的新范式[J]. 教育科学研究，2010(3):11-16.

第一节　准确确定学业目标

要准确评价学生的学习成就，教师（也包括各级教育管理者）必须知道学生所需掌握的学业标准要求。我们不能去评价那些学业标准要求以外的学习表现。即对于我们没有明确表达的成就，我们是不能评价的。要建立清晰适当的成就预期，必须要回答的问题是："我们期望当地教育系统的毕业生需要知道什么，能做些什么？"教师（也包括各级教育管理者）必须就在学校教育中学术成功的含义达成一致。在基于标准的教育系统中，比以往任何时候更应该以能力的形式提出更高的学业目标要求，而不是以考试分数、学时或者成绩等级来表述。同时，教师（也包括各级教育管理者）必须确定怎样才能在当地的课程中实现理想。最终他们得出的结果必须是一种表述得当的课程（教育教学内容），各年级之间是衔接起来的，紧密地与各级课程标准一致，将学生从幼儿园一直到高中如何进步具体化。尽管课程标准是在那里的，但是课程标准不能等同于教学的学习目标，它规定了教师应该教什么和学生应该学什么，其中有些标准是具体的，有些却是概括的，缺乏教师和学生在课堂中理解它们所需的脚手架。

一、理解课程标准

在教师的日常工作中，"课程标准"是一个耳熟能详的词汇，但是在教学或者教学评价中并不把它当回事，将其束之高阁是常有的事。《基础教育课程改革纲要（试行）》中指出："国家课程标准是教材编写、教学、评估和考试命题的依据，是国家管理和评价课程的基础。应体现国家对不同阶段的学生在知识和技能、过程与方法、情感态度与价值观等方面的基本要求，规定各门课程的性质、目标、内容框架，提出教学和评价建议。"①

那么，为什么要基于课程标准呢？对于这个问题，需要从理论和实践上做出回答。从理论上讲，第一，课程标准规定了学生应该知道些什么和能够做些什么的底线，自然也就规范了评价的内容范畴（评什么）、结构范畴（从哪几个方面来评）；第二，将标准作为课程、教学和评价的基础，其逻辑是显而易见的，简而言之，如果学校共同去理解并按照相同的标准和底线来从事教育教学活动，就可以大大降低因地域、教学方式、教材等差异所带来的易变性；第三，评价理论再丰富、评价理念再先进，当评价活动着眼于教育实践时，也是不可以脱离课程和教学来谈评价改革的。基于国家课程标准来思考评价变革的问题既是社会发展的需要，也是教育变革的需要。从实践层面进行分析，所谓标准，就是教师该教什么、学生该学什么的详细说明。国家课程标准把学生的预期目标具体化了，但是它并没有指定一门具体的课程、教科书或者教学方法。同一个标准可以通过许多方法达成，然而有效的标准必须足够具体，以帮助教师明确学生要学习什么，并判断学生在什么时候达到了这一标准。②

对于课程标准的把握，还需要准确理解课程标准本身意味着什么。基于课程标准的改革进行了很长一段时间，但是对于课程标准本身的研究并不太丰富。课程标准存在着不同的类型，对教学评价的影响也是不同的。从现有实施的课程标准来看，主要有以下几种类型。

（一）课程标准即课程的内容标准

内容标准规定了在具体的学科领域内，学生应该知道什么和能做什么。在基于标准的系统中，学生努力学习大量的知识、观点、概念等。在学习过程中，他们学会思考、操作、交流、推理和在具体学科领域内进行相关的研究。采用内容标准的目的是提高成就水平和保证机会公平，其目标是为教育工作者在课程教学和评价中应该重点关注什么提供指南。

这样的文本在标准类型的内容方面具有单一性和一目了然的特点，但

---

① 教育部关于印发《基础教育课程改革纲要（试行）》的通知，教基［2001］17号.

② 朱慕菊.走进新课程：与课程实施者对话［M］.北京：北京师范大学出版社，2002：49.

是在具体的教学和教育评价中，这类课程标准的运用是受限制的或存在缺陷的。换言之，我们很难从内容标准中直接过渡到教育评价中去，或者说内容标准很难直接评价学生在特定学科领域内的学业成就。表4-1就是内容标准的一个样例。①

表4-1 中国历史与社会课程标准（二）节选

目标1 在具体的情境中，选择和利用必要的工具、技术和方法识别、获取和整理相关的社会信息	
内容目标	**教学活动**
1-1 使用地球仪、地图等工具，知道它们的主要特点和功能	可结合地球仪和地图的自身特点来设计教学活动。引导学生观察地球仪和地图，发现地球仪上有南极点和北极点、经度和纬度、东北球和西半球、北半球和南半球；地图上有方向、比例尺、图例和注记等
1-2 恰当地运用表示地理方位和位置的术语	可指导学生结合日常生活中的实例（如问路），或者近期国内外的重大事件（如大地震）发生的地点，能用"东、南、西、北"和"经度""纬度"等术语确定和描述地理方位和位置
1-3 尝试从不同种类的地图和图表中获得所需要的社会信息	在教材已有资料或者教师提供资料的基础上，指导学生收集并展示不同种类的地图及一些统计图表，如地形图、政区图、交通图、旅游图、历史地图、气温曲线图、人口增长柱状图等。选择合适的地图和图表，获取所需要的信息。可以设置一些情境，如登山、野外宿营、外出旅游等活动，指导学生正确地选择地图，并从图上获取所需要的信息
1-4 知道表示历史时段的常用词汇或习惯用法，并学会使用它们	可指导学生从教材或者其他资料摘录一段历史文献资料，从中辨析表示历史年代的词汇和习惯用法，如"公元、世纪、年代、时代、朝代和国号"等
1-5 知道第一手资料和第二手资料的不同	可举出学生生活中的一些具体事例，或以一些文献资料为例，使学生理解哪些是第一手资料，哪些是第二手资料，并让学生知道它们的区别和特点
1-6 根据具体条件和需要，选择适当的社会调查方法获取社会信息	拟定与社区生活有关的一个主题，帮助学生设计一份调查问卷，指导他们尝试用访谈、搜集和评价等方式获取相应的有效信息

① 中华人民共和国教育部.历史与社会课程标准（二）[M].北京：北京师范大学出版社，2001:7.

续　表

目标1　在具体的情境中，选择和利用必要的工具、技术和方法识别、获取和整理相关的社会信息	
内容目标	教学活动
1-7　感受大众传媒对个人生活的影响，指导通过各种媒体和运用新技术能够搜集、解释、传递现实社会中的各种信息	要求学生讲述最新发生的国家大事或当地引人关注的事情，并说明是怎样获得这些信息的（如通过书刊、报纸、电视、广播、互联网等）；观察电视台天气预报中出现的卫星云图

（二）课程标准包括内容标准和表现标准

除了人们一般注意的内容标准之外，还应包括表现标准，这是20世纪80年代后期开始出现和流行的看法，在美国许多的研究文献和公共文件中都有反映。克拉克（Lynn Clark）认为："通常，标准分为两类：学术标准（或内容标准）与表现标准（或基准）。学术标准描述学生应该能够认识或做的事情，而与此相应的表现标准则衡量学生在多大的程度上达到内容标准。"[1] 显然，从这种分类方法来看，课程标准不仅要陈述学生在一定时间里应学习的内容，还要描述他们在学习这些内容时应有何种表现，达到何种结果或质量。表现标准实质上是人们基于内容标准及为了特定目的而对课程提出的具有明确指向性的规定或要求，它对表现和结果的规定及要求必然影响内容标准的执行和落实。

实际上，表现标准在很大程度上正是为了保证内容标准得到执行和落实而建构的。它相当直接地反映了20世纪80年中后期以来，人们对于基础教育质量问题的关注和对卓越的期待，同时体现了人们趋向从多方面来理解课程内涵及各种课程要素之间的相互关系。具体地说，课程不仅被认为是科目内容，还包含学生的学习活动及其表现和结果。课程标准不仅要对内容做出界定，也要对表现和结果加以规定与说明。从课程实施与评价的角度来说，对后者的规定和说明甚至比对前者的界定更具影响和意义，因为后者能

---

[1] Lynn Clark. The Standards Just a Cliek Away［EB/OL］. http://www.findartiele.eomlefdlslm OSTR/78055168/Pl/article.jhtml.

为课程的衡量和评价提供更明确的尺度，可能导致对表现、成绩或质量的评定，因而具有较强的驱动力。它的提出和建构无疑是对课程标准的丰富和提升，使课程标准具有较完整的内容和结构，也较能符合实际的情况和要求，发挥出较多方面的功能。表4-2就是这样一个样例。[①]

表4-2 澳大利亚数学课程标准水平测量与估测节选

学习结果	指　标
5-1 能够识别并选择合适的米制单位和精确度来测量数量及比率	当学生获得这种学习结果时，他们能够做到以下几点： 选择恰当的单位来详细标明一个数（例如，一座山的高度、湖的面积、水库的容量） 根据测量目的来证明对测量单位的选择（例如，步测海滩或板球投掷的距离、用米测量桥长并以千米来设计，比例尺为 1：1000） 运用常见的表示米的前缀及符号，包括换算单位（例如，0.35千米 =350米） 识别常见的体积和容量单位（例如，立方分米、立方米、毫升及升） 使用恰当的单位来详细标明比率（例如，植物一周生长的厘米数、用一千米 / 小时或者米 / 分钟来表示车速）
5-2 选择、使用以及改变工具来测量长度、质量、体积、容量、角度和温度	当学生获得这种学习结果时，他们能够做到以下几点： 准确使用测量工具（例如，用量杯测量350毫升的牛奶、在2°的误差范围内画出并测量角） 设计使用现有工具来测量过大或过小的物体的方法（例如，一滴雨的体积、一张纸的厚度） 运用液体置换方法，根据体积为物体排序 在标定刻度间识读5、10或20个单位的为标定的刻度
5-3 根据对米制单位大小的判断来估测数量，并使之精确化	当学生获得这种学习结果时，他们能够做到以下几点： 判断常见数量的大小（例如，1毫米、250毫升、1立方米、100克） 运用已知数量来估测长度、体积及重量（例如，给狗浴盆盛满水需要四或五桶水，水桶容量为10升） 在5℃误差范围内估计现在的室外温度 设计方法来提高估测的精确度（例如，与他人合作来分享已知的参考信息）

[①] 从立新，章燕．主编译.澳大利亚课程标准［M］.北京：人民教育出版社，2005：163-164.

(三) 课程标准包含内容标准、表现标准和学习机会标准

一个完整的课程标准体系或课程标准文本应该包含三类标准，有一个由三类标准所构成的类型结构。在课程标准中加设学习机会标准，并重视其对另外两类标准的实现，对整个课程标准体系结构的完整性和功能实现的意义，这样一种看法或处理方法的依据主要来源于有关学习机会与学生成绩之间关系的研究、广义化的课程概念以及在追求卓越的同时对平等与卓越之间平衡的关注。就美国的情况来看，"学习机会"在教育与课程研究上被当作一个严格的概念加以引用，最初体现于20世纪60年代美国的教育研究者对数学成绩在全国范围内的比较研究。《科尔曼报告》(*Coleman Report*, 1966) 无疑是这方面的代表作。这项研究不仅使研究者们意识到学生学习成绩的复杂性及其影响因素的多样性，而且从课程方面确认了影响成绩的三个不同的课程层面，即计划的课程 (intended curriculum)、实施的课程 (implemented curriculum) 和学到的课程 (attained curriculum)。计划的课程由国家或地方的教育部门制定，实施的课程由教师在课堂里实现，而学到的课程则由学生的学习经验与学习结果所组成。显然，与学生的学习成绩直接相关的是第三种层面的课程，由测试等手段所评定的学习成绩实际反映的是学生的学习经验与学习结果。学生的学习经验与学习结果受到多种因素的影响，如实施的课程和计划的课程方面的因素，以及更为广泛的涉及社会条件与教育教学环境等方面的因素。这些因素在不同程度上影响到学生实际所获得的学习机会。例如，由社会政治经济结构和状态所导致的收入和获得知识的便利性方面的差异，以及不同地区或学校在教学的时间、场所、资料和教师的专业水平与教学状态等资源性因素或情境因素方面的差异都会对学生的学习机会产生影响，从而影响学生的学习经验和学习成绩。[①]

学习机会标准并没有通过独立的章节来说明具体的学习机会，它主要是在既定的课程标准中融入相应的要求或者一些具体的指标，更多的是提出相应的一种评价和课程教学的价值指向。限于篇幅，不再举具体例子。

---

① Grete Houston and Jeannie Oaks. Opportunity to Examination and Conception of Education Equality [J]. Educational Evaluation and Policy Analysis, 1995(17):323-336.

二、从课程标准到学业目标

分解课程标准是理解并落实课程标准的一项专业活动。只有参与分解的过程，教师才能完整理解课程标准；只有实现合理的分解，教师才能贯彻落实课程标准。作为教师，理解、细化并落实国家课程标准是我们应尽的责任与义务，也是教师自身专业发展的需要。教师只有从事课程标准分解的专业活动，才能形成学科的"大观念"，才能从"基于教材的教学"走向"基于课程标准的教学与评价"，发挥评价促进学习的作用。

从我国现有课程标准来看，由于学科性质和课程标准设计思路的不同，各科课程内容标准的呈现方式各异。有的是按主题或知识点分级陈述的，如数学、化学、生物、科学等；有的是按学习领域分学段 / 水平陈述的，如语文、体育、音乐、美术等；有的是按目标领域分等级陈述的，如英语等。对于如何将课程标准分解为能为教师教学评价所用，朱伟强等提供了一条思路。他们认为，可以有顺向和逆向两种途径，具体分析课程标准的句型结构和关键词。具体来说，分解课程标准时，在明确陈述课程标准的句型结构的基础上，可将内容型目标或简化后的内容型目标分离出动词部分和名词部分核心概念。采用安德森和克拉斯沃尔（Anderson & Krathwohl）等人于2001年修订的布鲁姆教育目标，用认知历程向度从记忆、了解、应用、分析、评价、创造来分析动词部分，用知识向度（事实性知识、概念性知识、程序性知识、元认知知识）分析名词部分作为分解课程标准的基础机制。[①]

在我们看来，要注意以下三方面的问题：首先，分析课程标准的总目标中，哪些内容是特定的考试环境可以间接测得的，哪些内容是该环境中不可测的。因为我们主要的研究重点是大规模的学业成就评价，这就必须要分析总目标中，哪些内容是纸笔考试可测的，哪些是纸笔考试不可测的。其次，分析课程标准中列出的分阶段目标或分类目标中，哪些内容可以作为行为目标，这些行为目标能否与确定的评价目标相联系。最后，要尽可能完整地列出可以作为考试行为目标的那些分阶段目标或分类目标。行为目标必须是具

---

① 朱伟强，崔允漷 . 分解课程标准需要关注的几个技术问题［J］. 当代教育科学，2010（24）：11-15.

体的、系统的，必须有反映行为类型和水平的动词对行为进行尽可能详细的描述，这样可以使考试机构的内部和外部人员对行为目标的内涵有确切无疑的了解。结合上述分析，我们采用评价目标、行为目标和表现水平目标的要求来展开从课程标准到评价目标的分析。

（一）从课程标准到评价目标和行为目标

测量目标的分析主要是分析课程标准文本中的第二部分内容（以我国的课程标准文本为准）。值得注意的是，课程标准所罗列的课程目标并不等于测量标准，虽然课程标准的课程目标也是抽象的标准，但二者是不一样的，测量目标是有一定规范的，需要进一步转化。

雷新勇认为，测量目标的陈述应该遵循以下几条原则：第一，考试的测量目标应该反映出考生经过一定阶段的学习后，所获得的最终结果或达到的目标；行为目标应该反映考生经过一定阶段的学习后，能展示出的行为类型；测量目标和行为目标无须反映学生经历的学习过程，也无须反映教师的教学过程以及学习的具体内容。第二，行为目标不需要包含具体的表现方式，它应该是许多具体方式的概括。第三，行为目标不需要包含具体的课程内容，它只需要明确作为考生达到某种标准的证据的行为类型。第四，测量目标和行为目标的表述应该以观察或测量的行为目标的动词开头，该动词应该反映出考生行为表现的类型，或者行为表现的水平等原则。[①]

我们以我国义务教育阶段的地理学科课程标准中的课程目标为例予以分析（具体文本请参见相应的课程标准，这里不再赘述）。按照前面的设定和取舍加工，可以形成教师可用的教学和评价目标（表4-3）。

表4-3　虚拟的义务教育阶段地理学科考试行为化的目标[②]

	目标内容
总目标	考查考生的初步地理科学素养和人文素养：地理学科的基础知识；基本的地理技能以及地理学习能力；全球意识和可持续发展的观念

[①] 雷新勇. 大规模教育考试：命题与评价［M］. 上海：华东师范大学出版社，2007：100-102.

[②] 雷新勇. 大规模教育考试：命题与评价［M］. 上海：华东师范大学出版社，2007：106.

		目标内容
分类目标	1.地理基础知识	第一，掌握地球的基本知识。 第二，能初步说明地形、气候等自然地理要素在地理环境形成中的作用，以及对人类活动的影响；初步认识人口、经济和文化发展的区域差异，以及发展变化的基本规律和趋势。 第三，知道世界、中国和家乡的地理概貌，了解中国与世界的联系；初步学会根据一个国家或一个地区的地理信息归纳其地理特征。
	2.基本的地理技能以及地理学习能力	第一，能够感知身边的地理事物，形成地理表象。 第二，能够初步对搜集到的地理信息进行比较、抽象、概括等思维加工，形成地理概念。 第三，理解地理事物分布和发展变化的基本规律。 第四，能够尝试运用已获得的地理概念、地理基本原理对地理事物进行分析，做出判断。 第五，能够尝试从学习和生活中发现地理问题，提出探究思路，搜集相关信息。运用有关知识和方法，提出看法或解决问题的设想。
	3.全球意识和可持续发展的观念	第一，了解人类所面临的人口、资源、环境和发展等重大问题，初步认识环境与人类活动的相互关系。 第二，具备或初步具备对环境、资源的保护意识和法制意识。 第三，初步了解不同国家的文化和传统，懂得国际合作的价值。

（二）从课程标准到表现水平目标

对于常模参照考试而言，一般制定出测量目标和行为目标就可以满足要求了。但对于基于课程标准的评价（标准参照考试）而言，仅仅制定测量目标和行为目标还不够。标准参照考试的主要目的是比较学生的学习水平与课程标准规定的标准之间的差异，用标准对考试结果进行解释和比较。这就需要进一步规定考生表现出的行为达到什么程度才算合乎标准，这就需要用到表现性课程标准或表现水平标准／目标。

在我国教育考试中，尽管早就有了标准参照考试，如初中的会考、普通高中的会考、大规模的自学考试等，但这些标准参照考试的设计和开发多数极不规范，几乎没有编制表现水平标准。而且在我国现有颁布的各学科课程标准当中也没有相应的表现性标准的内容，这也是我们的课程标准在实际运用中不受重视的原因之一。

如何确定表现水平目标，分为两种情况：一种是现有的课程标准文本中有表现标准，例如美国蒙大拿州数学课程标准。① 我们可以利用现成课程标准中的表现水平标准来确定我们对学生的期望水平，以及合格程度的要求。当然，开发表现性课程标准或者表现水平标准是比较困难的，需要大量人力和物力的投入。即使是在美国，拥有成熟的表现性课程标准的州也不太多（比较成熟的有华盛顿州、马里兰州和蒙大拿州等），更多的是处在开发过程中。第二种情况是没有制定相应的表现水平标准的课程标准文本，在课程标准文本中没有明确表现性标准的情况下，在有条件的情况下还可以参照课程标准中的基准来确定对学生的期望水平。制定表现水平标准的关键就是要对相同情景条件下，在确定合格的表现水平的基础上，描述出高级、精熟、接近精熟和新手的水平要求或者优秀、良好、合格与不合格等不同水平的要求以对学生的期望做出准确界定。当然，如何开发这种表现水平是一件极富挑战和意义的事情，但是从本文来说，主要是应用现有的课程标准来确定评价的目标及其分布。这留待以后再进行研究。

总而言之，教师制定从课程标准到教学目标、评价目标是需要专业训练和自我提高的。当然，准确确定学业目标还应当结合总体教育目标（核心素养），把学生作为一个整体发展的人来加以认识，这样把握教学及其评价才不至于陷于技术理性当中去。

---

① Montana Standards for Mathematics［EB/OL］. http://opi.mt.gov/pdf/Standards/ContStds-Math.pdf.

第二节　准确搜集教学信息

在本章第一节内容当中，我们已经知道了对学生的学业目标陈述得越清楚，对教师回答"评价什么"的问题就越有帮助。从促进学习的教学评价的追求来说，良好的教学评价能更好地促进教师的教学决策。同时，评价所生成有关学生成就的信息可能是准确的，也可能是不准确的。这些信息能正确地或错误地展现学生的学习情况。显然，我们的目标是在任何情况下都能准确保证评价信息的准确无误。所以，在明确了"评价什么"之后，我们必须要回答"怎么评价"的问题。

一、对教学信息评价的准确理解

只有在把教学理解为多维的、整合的，并且是长期的行为活动的情况下，教学评价才能是最有效的。教学是一个复杂的过程，它不仅使学生学会应掌握的知识，还包括学生根据所学知识处理他们遇到的问题。学习不仅包括知识和能力，而且包括影响他们学习成功和课外行为的价值观、态度和思维习惯。评价应该体现以下含义：实施多系列的方法，开展实实在在的活动，不断揭示教学的发展和变化，提高综合的程度。目的在于更全面和准确地勾画学生的学习图景，为提升教学品质打下坚实的基础。[①]

要有效地持续搜集教学评价信息。我们要求每一个教师以具体清晰的学生需达成的成就目标作为每个教学单元或学习课程的开端，教师备课上课，引领学生不断进步，从而达到课程标准或者教学目标的要求。要完成这个任务，教师需要回答以下问题：学生将以什么顺序掌握具体的内容知识？学生怎样学会运用这些知识来推理和解决问题？学生要掌握哪些表现技能，以什么顺序来掌握这些技能？学生被要求取得哪些成果？教师怀着这些问题，然后进行教学，并实现规划好评价以判断学生是否或者在多大程度上达到预期的学习任务。我们要求教师有一个书面的连续的教学目标、一个准

---

① B. E. Walvoord & V. J. Anderson. Effective Grading: A Tool for Learning and Assessment [M]. Jossey-Bass, 1998:151.

备跟踪学生进展的评价规划，以及知道相对于这两个计划学生正处在什么状态。

换言之，要必须能回答教学所真正关心的问题，真正提高教与学的质量。教学评价是包含在学习过程中的，必须多次进行才能获得准确信息。这是我们能获得准确的教学评价信息的总体要求。当然，要达成这样的目标并不是一件容易的事情，教学评价中教师尤其需要克服很多困难。

第一，评价时间的限制。毫无疑问，从教师的角度来看，影响高质量评价最明显的因素是缺少评价时间。如果教师认为没有时间来达到高质量评估的标准，他们就不会这样做。比如，从课程教学内容来说，教师需要达成的教学目标总量在不断增加。以技术和体育健康课程为例，教学目标变得更加复杂，当他们因时间太少而无法评价现有目标时，教师如何来评价更多其他目标呢？另外一个时间问题是，很多教师认为一些评价方法过于耗费精力。例如，现在许多管理者和教师正在接受的是表现性评价，即引导对学生观察和评价的"真实性的"活动，它成为近几年评价学生成就的最好方法。表现性评价会带来丰富的结果，这些结果来源于他们基于复杂的表现标准对表现和评价的仔细观察。对于许多教师来说，隐藏在字里行间的是难以觉察的信息，"需要很多艰难的工作和较多的时间"，很少有教育者积极地期望做更多工作。还有一个时间问题是当前保存和交流学生成绩信息的唯一方法是教师的记分册和学习报告单上的分数，这个过程消耗了很多时间，使得人们既没有时间，也没有机会来考虑替代性评价。

第二，评价管理的限制。在各级教育管理中，考试分数成为一个压倒性的影响因素。"考考考，老师的法宝；分分分，学生的命根"就是考试分数对教学摧毁性作用的真实写照。在这样的氛围下，大家都投入到了一场消耗极大但得到极少的游戏中去了。这里需要注意的是，如果使用的测验和测验标准本身是无效的，那么其所导致的错误比教师错误的评价对学校产生的影响要大得多。因为不考试，有价值的班级课程内容被取消了，无休止的与测验一致的枯燥练习取代了真正的学习，不道德的考前强化的风险变得越来越高。甚至是过多地运用标准化测验都能对评价系统的平衡和质量构成威胁。除非我们有时间来确保这些测验遵循了质量标准、测量了真正要测量的东西，并且帮助学生以及教师和管理层清楚地知道如何使用这些测验结果，我们的评价系统才能按照促进学习评价范式所预想的方面来改进教学。

要保证教学评价信息的准确性，就必须考虑教学评价信息能准确体现高质量的教学。如果在教育问责中以学生的学业成绩来评判教育有效性的话，那么就必须要有证据显示学生的学业成绩（考试分数）与高质量的教学和其他学校教育活动之间存在可靠的联系。它们之间的联系不是说考试要按照教学来设计，而是考试的目标能激发教学行为和随之而来的学生学习。这种目标、教学和评价之间的配套就是匹配要研究的，但是匹配研究并不能完全解决这些问题。在教育问责系统中，我们不仅希望能发现教学对学生的影响，还希望能发现教育系统的改进情况。例如，在年度成绩考核要求中，考试成绩要能对教学材料选择、当前的学生和未来的学生的教学和诊断提供助力。

那么，什么是高质量的教学？怎么说呢？说简单也简单。我们怎么才能知道重在测量教师教学是否达到预期学习结果的评价能否对高质量的教学具有较高的教学感知度呢？高质量的教学又具有哪些特征？贝克（Eva L. Baker）认为高质量的教学一定与预设的教学目标紧密相关，因为教学目标代表着关键的、顺序化的认知元素和内容元素。首先，它一定与想要解决的目标紧密相关。它代表着关键的、顺序化的认知元素和内容元素。在教学中，应该为相关的前设知识提供原理化的知识和策略，这样学生就能理解为什么要运用某种特定方法或者知道自己在教学中所处的位置。教学应该尽可能地从学习研究成果中获得指引，从而尽可能地降低认知负荷，为学生提供相关的反馈，促进学生图式的发展。为了促进这种转换，教学应该采用各种形式的测验，同时整合其他方法来体现学习的进展情况。①

另外，从基于课程标准的评价现状来说，几个方面的问题同样值得我们引起注意。从基于标准的角度，基于标准的评价经常被人们等同标准参照评价。基于标准的测验更多是吸取了标准参照测验的报告特征，而不是标准参照测验的试题设计规则。例如，基于标准的评价中常用的"合格、精熟、优秀"等概念就来自标准参照测验的标准分数划线（cut scores）。而分数划

---

① Eva L. Baker. Empirically Determining the Instructional Sensitivity of an Accountability Test［J］. UCLA/CRESST Report. 2009:3.

线需要运用复杂的方法对试题（试题分数可能是连续的，也可能是不连续的）进行分析。但是在基于标准的评价中对这些细节并没有进行很好的研究，换言之，结构效度的研究是缺失的。

现实生活中，标准和教学、评价之间的匹配是一个需要深入探讨的问题。我们认为，标准应该能指导教学并成为教学关注的焦点，而测验只是知识和技能获得与应用的指标之一。韦伯（N. L. Webb）等人对匹配达成度进行研究后，提出了一些分析程序。[①] 这些程序大多数只是分析标准与试题之间的联系。虽然这些努力是有价值的，但是这些不是通用的标准。因为大部分州级考试的试题数量并不多，或者说针对某一标准或标准的一个内容可能只有一道试题。从更好的取样角度来说，还应该关注考试的时间分布、考试的执行速度和成本。

一旦标准没有得到足够的测量（可能是因为标准的数量或者所需的时间与成本限制），那么对于教师来说，为了避免处罚，去教那些经常会在考试中出现的主题就是可行的。教师可以从往年的试卷回顾或者考纲回顾中找出那些重要的内容。结果是显而易见的，很多学校都在操练那些考试内容。这样的行为带来的后果是：他们更多教学的是考试内容而不是课程标准，失去了知识的连续性和累积性，尤其那些成绩差一点的学生很少能补上课程标准要求的内容。学生更多掌握的是一些应试的技巧，而对于困难概念的掌握及其应用则付之阙如。

需要重新认识教学评价的效度问题。学生的考试分数经常被用来推断学生接受教学的内容和质量。其背后的逻辑简单粗暴：考试分数能充分体现教学的内容和质量。如果考试分数高或者有所提高，那么就认为教学质量是高的或者有所提高；相反，如果考试分数低或者下降，那么就认为教学质量不高或者在下降。这种假设是不准确的，它对特定课堂或者教育改革情况等是缺乏了解的。这里一个核心问题是：学生的知识和能力在多大程度上是教学的结果？

我们要意识到并不是所有的评价或测验都需要具有相同的教学感知度。

---

① N. L. Webb. Alignment of science and mathematics standards and assessments in four states. Council of chief stares school officers［M］. Washington, DC: National Institute for Science Education(NISE) Pubilcations, 1999:1-43.

例如，一般性的成就测验就不受特定教学的影响。而针对某一课时的测验就受教学的影响，这就需要测验具有教学感知度。考虑到不同的测验具有不同的教学感知度，为教学感知度评估提供一个多维度的框架（见图4-1）是极为有用的。①

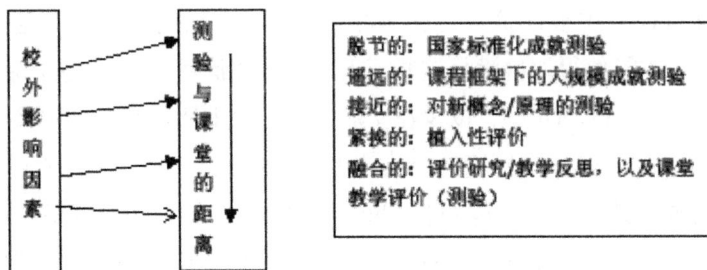

图4-1　测验对教学的感知框架

　　课堂评价必须搜集学生学习的准确信息。如果所搜集的信息不准确，那么就无法反映学生真实的学习状况，更不能据此做出有助于学生学习改善的教学决策。JCSEE发布的《课堂评价标准（第五稿）》[*Classroom Assessment Standards : Sound Assessment Practices for PK–12 Teachers*（*DRAFT #5*）］认为，若关注评价的结构和模式，课堂评价实践就会更有效，因此强调保证课堂评价的类型和方法能够让学生充分展示其学习，要提供各种资源帮助学生完成课堂评价任务，以使其表现最大化。为此必须正确选择评价方法，运用多种评价方法，以获得学生学习状况的全面图景。此外，教师和学生都应在评价过程中做好充分的准备，让学生能够更好地适应评价实践。而强调对文化和语言多样性的尊重和应答，以及差异化地实施评价以满足学生的特殊需求，不仅体现了评价的公平性，更是强调让学生有机会借助不同的方式表现自己的学习结果。②

———————

① Marsha Ing. Using instructional sensitivity and instructional opportunities to interpret students' Mathematics perforamance［J］. Journal of Educational Research & Policy Studies, 2008(1):23-39。

② JCSEE.Classroom Assessment Standards: Sound Assessment Practices for K–12 Teachers［EB/OL］. http://www.teach.purdue. edu/pcc/DOCS/Minutes/12-15_Handouts/2013-01-16/JCSSE_Assessment_Standards.pdf.

二、准确的教学评价信息搜集

前面的部分奠定了准确评价的信息基础。如果教师开发评价时能明了预期的使用者的信息需求，那么教师便能很好地为这些需要服务。没有清晰的目的或焦点的评价设计是不可能产生准确信息的。在任何评价环境中，无论是在评价进行中或评价后促进学习，教育者必须先要了解特定使用者的需求，然后才能使得评价满足这些需求。这些评价目的（评价使用者和用途）将影响评价的形式和频率，以及在交流评价结果上所需细节的水平和类型。

准确性要求在不同情境选择恰当的评价方式。每种评价方式有自己的长处和局限，其在某些环境（目的和学习目标）中能很好地发挥作用，但在其他环境中则不能。评价方法是不能互换的。准确搜集评价信息的任务就是要选出适合特定情境的评价方法——任何评价的质量都在于此。

一旦教师选定了特定环境下的方法，他们就要开发并很好地运用自己的选择。这就意味着开创出高质量的评价活动（测验问题、扩展性的书面问答或表现性任务），也就是要用足够多的评价活动来准确掌握学生的学业成就，而不是浪费时间去搜集所在环境以外的信息。表4-4比较了成就目标和评价方式，标出了哪些搭配最适合，哪些搭配不适合。

表4-4　使成就目标与评价方式搭配一致 [1]

被评价的目标	评价方式			
	选择题	扩展性书面问答	表现性评价	人际交流
知识的掌握	适合评价知识掌握情况	适合获取知识成分之间的关系	不适合——耗费太多时间	能提问、评价和推断掌握程度——却是耗时的选择
推理的熟练程度	只适合评价某些类型的推理	能通过学生写出复杂问题的解决步骤反映出其推理的熟练程度	能通过观察学生解决某些问题后，推断推理的熟练程度	能要求学生"出声思考"或提相关的问题去探索推理

---

[1] R.J.Stiggins. Student Learning Assessment［M］. NJ:Merrill: Prentice Hall, 2005:69.

续　表

被评价的目标	评价方式			
	选择题	扩展性书面问答	表现性评价	人际交流
技能	不适合。能评价熟练的技能表现所需的知识前提的掌握情况，但不能依赖这些知识前提去获得技能	适合。能观察和评价表现出的技能	很适合口头交流熟练程度方面的技能；在其他方面不适合
形成产品的能力	不适合。能评价成果的创造能力所需知识前提的掌握情况，但不能评价成果本身的质量	很适合书面的成果。但不适合非书面的成果	适合。能评价成果本身的性质	不适合

　　课堂教学评价中的方法类型与选择是一个很重要的问题。虽然当前主要体现在测验题目的研究成果当中，但是对于教学评价在课堂层面也是有很好借鉴作用的。不同的题型对某一特定的课程内容或者测量目标产生的结果、分数会差异很大，甚至根本不能测量。那么具体有哪些题型？在中国，大规模的考试或测验中常用的题型有：多项选择题、填空题、是非题、匹配连线题、简答题、解释题、材料分析题、论述题和作文等类型。在习惯上又将选择题、填空题、是非题等叫作客观题，把简答题、论述题和作文题等叫作主观题。在国外，也有诸如多项选择题（multiple choice）、选择性反应题（slected response）、拓展性/建构题（extended/constructed response）、开放题（open-ended response）等题型，大致上可以分为主观题和客观题两种。在这里，我们关注的不是题型的分类，而是各种题型的使用场合。

　　关于题型的研究，国外成果较多。马丁内兹（M. E. Martinez）曾指出：从认知特征、试题和考试的特征以及考试的经济性来看，每种题型都有其优点以及缺点，任何一种题型都不能完成所有教育测量目标。考试应该采用多种题型，发挥每种题型的优势。[①] 斯蒂金斯研究了不同的学业目标与评价

① M. E.Martinez. Cognition and the question of test item format［J］. Educational Psychologist, 1999(34)：207-218.

方式之间的组合情况。[①] 哈莱蒂娜（T. M. Haladyna）认为，如果两种题型的测量结果有很强的类似性，选择测量效率高的题型是合理的，一般来说，选择题的效率更高；如果两种题型的测量结果类似性较低，应该考虑试题在认知过程、内容等方面与测量目标的一致程度，通常选择一致性程度较高的题型，主要是建构性题型。[②] 凯瑟林（B. Kathleen）等人研究了多项选择题、开放性问题、建构性反应题、表现性任务和实验设计型问题在科学课程评价当中的用途，认为它们各有自己的使用场合，在正常评价中都是不可缺少的。[③] 林与诺曼（R.L. Linn & E. J. Norman）等人概括了选择型和建构型两类试题的功能差异和特点，按照测量的学习成果、命题的准备、内容领域样本、对学生应答的控制、评分、对学习内容的影响和信度等方面对这两类试题的情况做了对比，对我们的题型选择同样具有参考价值。[④]

其实，综观以上研究成果，对题型的分类并不是最终要追求的目标，而是要考虑根据课程标准、学业目标、测量目标等选择合适的题型。考虑到我们的学业成就评价是大规模的测验，主要还是选择题、填空题、建构性反应题和作文题等适合笔纸测验的题型。题型的选择主要考虑以下内容：

（1）题型的选择要考虑试题的测量目标、行为目标，涉及的内容领域及其条件，也就是题目要与课程标准要求的内容相匹配；

（2）题型的选择要保证能达到预期的考试结果，必须考虑到不同题型的比例问题；

（3）题目的编制越简单、成本和时间耗费越少，就越宜采用。

每种评价情境都伴随有令结果错误或不准确的因素。如果测验问题编制得很差、方向错误、学生承受极大的测验压力，或者扩展性反映题和表现性评价的评分程序是随意的，那么任何评价的分数都会错误地展现学生的真

① Richard J. Stiggins. 促进教师专业发展与学生成长的评价研究项目组译. 促进学习的学生参与式课堂评价［M］.北京：中国轻工业出版社，2005：77.

② Thomas M. Haladyna. How Many Options is Enough for a Multiple-Choice Test Item［J］. Educational and Psychological Measurement, August 1, 1998(4): 605 - 611.

③ Kathleen B. Comfort. Mark Wilson. Research in Standards-based Science Assessment［M］. WestEd, San Francisco, CA, 2005.

④ Robert L. Linn & Norman E. Gronlund, Measurement and Assessment in teaching［M］. Prentice-Hall, Inc, 2000: 68.

实成就。预测在各种评价情境中可能会出现的错误并尽可能防止这些错误是每个教师的责任。

如果要确保准确性，那么在任何评价中以清晰的目标和信息需要为开端必须做到以下三点：

第一，选择适合具体环境的评价方式；

第二，适当地抽查学生成就；

第三，以高质量的活动和评分程序去避免可能的偏差。

第三节　满足所有用户的评价信息需求

如果评价是便利于教学决策而进行的信息搜集过程的话，那么这里就存在一个问题：这些决策是什么？谁做出决策？每次评价的建立和执行都是为了改善学习。只有当我们明确谁需要帮助时，提供的信息才有用。我们确信不同的人因各自的任务需要，对信息的需求是不同的。例如，教师在课堂教学过程中因为任务的不同对评价信息的需要和处理会有所差别。有时，教师利用证据来支持学生个体或小组的学习；有时，出于问责的目的，教师利用这些证据来证实学习的发生。为了促进学生学习，教师需要得到获取学习证据的途径。同样，除了教学层面的需求外，还有教育政策和教育资源层面的需求。虽然它们的决策不像课堂决策那么频繁，所需要的证据也不像课堂决策所需要的那么精确，但它们可以影响到更多学生。

一、评价信息用户及其需求

如同大家在备课过程中上网寻找教学素材碰到的情况一样，如果找到的信息并不能满足自己的需要，那对于教师来说，网站提供的信息就是无意义的。让我们重申一个关键问题：因为不同层次的决策者有着多样的信息需要，所以单一的评价是不能满足他们所有需要的。在今天基于问责的测验环境中，我们已经要求(在某些情况下)标准化测验能支持2～3项任务：报告学生的整体性考试成绩，通过考试成绩为单个学生做出学业诊断，通过考试成绩做出高利害的决策。如果要高效地管理和运用一系列评价，我们必须仔细规划这些评价的使用，必须明白哪些信息确实是需要的，知道评价是否能提供预定目的所需的信息。

在学校有三种层面上使用者：班级层面的、教学支持层面的和政策层面的。斯蒂金斯为我们提供了一个很好的框架（见表4-5）。表4-5中的第一栏明确了每一类型中有哪些评价使用者，第二栏和第三栏明确了需回答的关键问题和帮助每个评价使用者所需的信息。

表4-5　评价结果的使用者和所需信息 [①]

使用者	需回答的关键问题	所需信息
班级层面		
学生	我正在达成教师的学习预期吗？ 我在哪些地方需要帮助以便获得成功？ 我如何较好地管理自己的学习？	关于个别学生达成具体的教学要求的持续信息
教师	哪些学生需要什么帮助？ 我的哪些学生应该进行合作？ 学习报告单上应是什么等级？ 我的教学策略有效吗？	关于单个学生学业表现的持续信息，以及持续的学生团体表现的评价信息
父母	我的孩子在学校成功吗？ 我的孩子需要什么来获得成功？ 孩子的教师是否持续观察和交流孩子的进步？ 学校是否给学生的需要提供了支持？	关于学生掌握规定内容的持续反馈信息
教学支持层面		
正副校长	特定领域的教学有效吗？ 教师的教学是否有效？ 开展何种教师专业发展活动会有帮助？ 为了促进教学，我们应怎样提供资源？	团体成就的阶段性评价

① R.J.Stiggins. Student Learning Assessment［M］. NJ:Merrill: Prentice Hall, 2005:69.

续　表

使用者	需回答的关键问题	所需信息
主任/带头教师（lead/mentor teacher）	做此项工作的教师需要些什么？	团体成就的阶段性评价
顾问/心理学家	谁需要（能获得）如补习课程之类的特别支持服务？ 应把学生指派给哪些教师来使结果最优化？	个体成就的阶段性评价
课程引导者	我们的教学计划有效吗？	团体成就的阶段性评价
政策层面		
督学	课程是否引起学生的学习？ 是否每个学校都产生了可接受的结果？ 哪些课程需要/应有更多资源？	团体掌握地方课程的阶段性评价
学校董事会	本地学生是否学习？ 负责人是否起作用？	团体成就的阶段性评价
州教育部	州的课程是否起作用？	团体掌握地方课程的阶段性评价
公民/立法者（州或国家）	各校学生是否在使自己成为有效公民上有所成就？	团体掌握有价值目标上的阶段性评价

　　我们怎样才能确保所有评价使用者能够及时地以可理解的形式获得相关学生的成就信息？在教学支持和政策层面上必须以这一基本问题来指导标准化测验（即我们习惯上的笔纸测验）的管理和运用。通过对学生在学年内参加的所有标准化测验的观察，学校和教育管理部门层面上的教育者即可以知道是否所有测验使用者的要求得到了满足。这样的观察是很有必要的，它能分析在测验项目中是否有重叠或重复、是否某些标准未被评价、管理所有测验需花费多长时间。国家教育质量监测和地方性统考通过在特定年级抽测特定的学科来获得学生是否达到有关的学业标准或教学目标，国家的教育监测和地方性的统考也是如此，但是要更准确、更全面的话，还要包括学校测验、年级测验和学科测验。另外，具体的评价者能从结果中获得什么帮助？在这些结果的基础上将会做出何种决策？这一分析应能揭露这些测验

评价了哪些标准，哪些标准未被评价，以及满足了谁的信息需要，谁的信息需要未能得到满足。

查普斯等人提供了一个分析框架，认为可以采用以下列内容为标题的表格形式分析一个地区的标准化测验 [①]：

第一，标准化测验的名称和形式 (以量表的形式分别列出各种测验)；

第二，实施测验所需的时间；

第三，被测的学生 (年级和时间)；

第四，被评价的具体成就目标 (内容知识、某种类型的推理、表现性技能、产品开发能力或这些方面的结合)；

第五，测验项目评价了哪些州 / 地方的标准；

第六，评价使用的具体方法；

第七，如何报告评价结果；

第八，评价结果的预期使用者，以及在此评价结果基础上做出的决策；

第九，与所有相关使用者交流结果的程序，证实评价结果被正确理解、解释和使用的方法。

这一分析将展现这些评价结果如何与每个学生掌握成就标准的水平一致——怎样促进学习者学习。这再一次说明，不必要的、与课程不一致的或不能提供所需信息的评价是可以被取消的。还有一点就是要管理大量产生的数据，要能改进教学并在所有有关人员之间交流以促进学生学习的话，需要专门的软件。借助这一技术的学区能系统地汇集、储存、复制、报告学生的评价信息，能够及时有效地满足所有评价使用者的需要。在班级、学校、教育管理部门层面上执行这一规划，既能够提高学区评价系统的效率，还能使得评价满足所有评价使用者的要求。

二、教师教学决策的信息需求

在促进学习的评价范式中，教师和学生是其中最为关键的两个人群，他们对相应的评价信息需求该如何获得满足是一件重要的事情。教师通过

---

① Stephen Chappuis, etl. Assessment for Learning: An Action Guild for School Leaders [M]. The Assessment and Training Institution. Portland, 2005:28.

收集学生学习的证据来进行教学决策，以最大化地促进学生学习。随着学习的进行，教师和学生都需要得到关于学生学到了什么、没学到什么的日常信息，据此他们可以做出保持学生成长的教学决策。

教师要做出大量教学决策的依据，一方面需要正式、系统地测量学生的态度、学业成绩和个性发展；另一方面，需要教师在平时注意观察学生。

第一，从正式评价信息角度来看，林和诺曼认为教学过程中的教学决策及其搜集信息的评价方法主要有以下方面：

1. 教学计划是否适合学生？（学习能力倾向测验、以往的成绩记录）

2. 怎样对学生进行分组才能促进更有效的学习？（教师自编的测验、以往的成绩记录）

3. 学生是否做好了接受下一阶段学习任务的准备？（对所需技能的预测、以往的成绩记录）

4. 学生在多大程度上达到了教学目标？（教师自编的测验、课堂作业、提问、观察）

5. 在满足基本要求后，学生的进步达到何种程度？（教师自编的测验、综合成就测验、课堂作业、提问、观察）

6. 什么时候对哪个知识点进行复习最有效？（阶段性考试、提问、观察）

7. 学生有哪些类型的困难？（诊断测验、观察、提问、学生成长记录袋、学生咨询）

8. 应当建议哪些学生参加咨询、特殊班级或者治疗项目？（学习能力倾向测验、成就测验、诊断测验、观察）

9. 哪些学生缺乏自我了解？（自我评定、学生讨论）

10. 怎样给学生评定适当的分数？（综合所有评价信息）

11. 学生的哪些进步是应该告诉父母的？（回顾所有评价信息）

12. 教学效率如何？（成就测验、学生的评定、上级的评价）[1]

第二，从非正式评价信息角度来看，课堂中的非正式观察可以指导教学决策。例如，学生的口头提问可能表明需要对教学内容进行调整或者重

---

[1] Richard J. Stiggins, 促进教师发展与学生成长的评价研究项目组译. 促进学习的学生参与式课堂评价 [M]. 北京：中国轻工业出版社, 2005:24.

教，课堂中的讨论有助于教师发现一些必须要纠正的学生普遍存在的误解，也许学生对某一个话题特别感兴趣就是提示教师在该话题上应该投入更多时间。又比如，当教师观察个别学生表现的时候，就会形成不同的判断：小明在写议论文上需要进一步的指导，小红的一元二次方程求解应该更多练习不同题型，李梅的英语辅音发音需要纠正，小安在发言的时候要多加鼓励，等等，不一而足。

在教学过程中，教师要不断做出诸如此类的教学决策。其中，有些是以学生的口头回答为基础，有些是以学生的实际操作为基础，有些是以学生困惑的表情、语音语调或身体姿态为基础。这些都是教师在课堂上随时可以进行观察的。尽管这些观察不是正式的，更多的是扫描式的，但它们在教师的有效教学中是不可或缺的，具有极强的促进教学的作用。

从本质上来说，笔纸测验或者其他形式的评价方法并不能取代教师这种非正式的观察。教师综合这些评价方法可以更好地获取与学生学习有关的信息。当然，测验等正式的评价方法能给教师教学决策带来更为系统、客观的证据。

还有一点是必须要强调的，那就是对教学评价信息的搜集不是一次性的，它是一个连续的过程。为了对教与学形成准确的决策，教师（也包括学生）对教学评价的信息搜集必须是持续的，最好能形成系统化的评价信息库。

三、学生自我评价的信息需求

评价信息的最终使用者是学生，正是他们利用评价信息来促进学习。这一事实有积极和消极两个方面。当课堂文化主要关注回报——"状元"、等级分数或班级排名等，学生就会寻找各种方式获得最好的分数，而不是要证明他们的学习。一个我们遇到的例子也可以说明这一点。例如为了获得更好的学习绩点，当大学生可以任意选择课程的时候，学生会回避那些困难的并且期末分数比较低的课程。他们同样会花费时间和精力寻找那些获得"正确答案"的线索——哪些课程比较"水"，能获得高分。另外一种情况是许多学生由于害怕失败而开始不愿意投入学习。那些面对困难的学生开始相信他们不具备某种能力，而这一想法让他们将学习的困难归因于自身的缺陷，而他们自身难以改变这些缺陷。于是他们开始避免在学习中投入精力，因为学习只会带来挫折感，同时努力用其他方法建立起他们的自尊。

让学生成为形成性评价信息的最重要的使用者是具有积极作用的，但是同时需要避免过度竞争带来的消极结果。需要的是成功的文化，这一文化被这样的信仰支撑着：所有学生都可以取得成功。从这个方面来说，形成性评价可以成为一个有力的武器，如果它是以正确的途径进行交流的话。尽管形成性评价可以帮助所有学生，但是它尤其对那些低成就的学生产生好的结果，通过关注他们作业上的特定问题，给予这些学生一个清晰的关于什么是错误及怎样产生正确答案的理解，这些学生可以获得很大的提高。学生可以接受并且很好地利用这些信息，尤其是在消除有关能力、过度竞争和排名的消极影响的条件之下。总之，这一信息可以被这样陈述：对任何学生的反馈应该是关于他或她作业的特定质量，伴随着他或她怎样利用这些信息改进的建议，并避免和其他学生进行比较。

在查普斯等人看来，我们应该首先观察到那些发展自我评价的人要面对的主要问题并不是可靠性和确实性的问题。学生在评价他们自身和其他人的时候一般都是诚实和可信的，甚至可以说他们对自身是很严厉的。主要问题是只有当学生对自己的目标有足够清晰的图像，理解他们的学习意味着要获得什么时，学生才可以评价他们自身。令人惊奇并难过的是，许多学生并没有这样的图像，而且他们似乎已经开始习惯接受班级教学是一个任意序列的联系而没有任何原则。为了帮助学生克服这一消极接受模式的后果，教师需要在学生的学习过程中给予持续的反馈，让学生主要关注学业目标的达成，并根据评价信息来改进自己的学习。当学生接受了这样的观点，他们才能成为更加自主和有效的学习者。在此之后，学生才会更加愿意与教师或同学讨论自己的学习情况，这种讨论会进一步提升学生对怎样才能达到好的学习效果的深层反思，增强学习的自主能力。①

学生进行的自我评价远不是一种奢侈。事实上，它是形成性评价的必要组成部分。当任何人试图去学习、反馈时，都有三种因素：对理想目标的认识、当前现状的证据、缩小这两者差距的途径。在他或她会采取行动改善

---

① Stephen Chappuis, etl. Assessment for Learning: An Action Guild for School Leaders [M]. The Assessment and Training Institution. Portland, 2005:28.

学习之前，这三种因素都必须要在某种程度上得到理解，并能付诸行动。

在王少非看来，课堂评价对学习的促进作用更借助其影响学生认知的机制。仅有学习的动力并不足以保证学习的改善。如果学生不知从哪些方面改善、朝哪个方向改善、如何改善，那么强烈的动机完全可能导致糟糕的结果——毕竟学习不是一件太容易的事，单靠美好的意愿、热情或狂热显然是不够的。学习的改善需要明确哪些需要改善，需要明确朝哪个方向改善，还需要明确如何改善。这也就是斯蒂金斯等强调促进学习的课堂评价必须回答三个问题的原因之所在。如果课堂评价能够让学生很好地回答"我要去哪里""现在我在哪里""我如何才能去我将要去的地方"，那么学习的改善才有可能。而如果让学生参与评价过程，那么学生就能够更好地回答这三个问题。教师可以设定目标，然后直接告知学生"去哪里"，但如果学生介入到目标设定过程之中，或者自主设定目标，那么学生一定会更清楚地知道"我要去哪里"，更清楚地知道自己改善的方向；教师可以运用评价获得学生的学习情况信息，然后告知学生，但如果学生能够用自己参与确定的评价目标来对照、衡量自己的表现，那么一定会更清楚地知道"相对于目标，现在自己在哪里"，更何况这一对照过程实际上也就是学生对自己学习的反思过程，直接有助于学生发现自己的已知和能做，确定自己的未知和不能；教师可以直接告知学生要改善如何做，但一定比不上学生根据自己当前的学习状况与目标状况的比较自主确定下一步学习行动的效果来得好。[①]

因此，学生参与评价可以极大提高学校教育的有效性，它要求转变我们长期习惯以教师评价为主的做法。因此，最重要的学习决策（即，对学生的学习贡献最大的决策）是由学生自己制定的，而不是由此系统中的成人做出的。学生根据评价信息决定哪些学习内容需要付出更多的努力。学生决定自己是否能达到学习目标。只有在学生做出这些肯定的决策后，教师才能影响学生的学习生活。每个教师课堂评价的部分工作是通过有效运用班级评价，使学生作为学习者一直相信自己。

换言之，评价信息的有效利用关键不在于我们成人是否对学生的学习做出巨大的贡献。我们已经做了贡献，我们是教学、学习和评价的关键成

---

① 王少非. 促进学习的课堂评价［M］. 上海：华东师范大学出版社，2018：163.

员，只不过我们是第二重要的教学决策者。

那我们该如何帮助学生获得评价信息并帮助他们学习呢？总体来说，我们要持续积极地引导学生参与自己的评价，追踪进步情况，为学习设定目标，并就自己所取得的进步进行交流。从目标来说，课堂评价通常需要清晰的目标，清晰的目标表明了对学生的学习提出具体的期望，期望学生在完成学习之后能够达到某种结果。课堂评价就是要确定学生是否达成了这些结果，确定学生学习相对于目标的具体状况。通过让学生知道目标，逐步提升学生的目标意识，以及为自己确定目标的能力。从参与评价和学习跟踪来说，当前教师的评价实践中存在的一个明显问题就是评价活动的"神秘化"，事先不让学生知道评什么、怎么评，也没有让学生知道何时评、评价结果如何用。在促进学习的评价范式下，学生不仅是评价信息的来源，更应该是评价信息的搜集者。学生在参与评价的过程中对所积累和记录下的评价信息进行选择、整理，并按一定的方式进行组织，从而形成自己的学习成长库，那么我们所期望的学生学习反思能力和调整能力就会出现。从交流来说，通过与教师、同学之间的有效沟通，更加明确对教学内容的理解。同时，学生在交流中将自己碰到的问题及其解答与其他同学的观点和做法进行比较，可以获得对问题更全面的理解和学习方法。

第四节　有效交流评价信息

如前所述，教学评价是指搜集有关学生学习信息以便做出教学决策的过程。为使评价有效地运行，学校的评价体系必须获得准确的证据，并及时以可理解的方式传达给所有教学决策者。这样一来，教学决策者就可以运用这些证据来支持学生的学习。我们一直坚信：数据本身不会说话，数据之所以能告诉人们他们能明白的和需要的证据，就在于人们对数据的分析。我们在实际工作中经常会把测验（考试）分数当作教学评价信息的唯一形式，按照我们的习惯思维，最后的结果就是每个学生得到多少分，平均分是多少，然后扩大到学校、学区、县市、省等层面。这样的信息处理和交流不仅不能告诉我们关于测验的有效信息，而且会造成人们的不正确印象——教学结果就是看看学生分数的高低名次，判断教育质量的高低也是如此。我们根据前文对准确确定学业目标、准确收集教学信息和满足不同用户信息需求的分析，认为有效地交流评价信息要进一步回答以下问题：交流评价信息的目的是什么（定位）？要交流什么？达到了哪些教与学的目标，哪些没有达到？达到要求的程度怎样？

一、有效交流评价信息的定位

在交流评价信息中经常会遇到这样的冲突：是告诉学生考试结果，还是通过评价信息的交流促进学生的学习和教师专业的发展？其实，这背后体现的是一种评价范式的转变——评价是为了学生的学习（assessment for learning），而不仅是对学习进行评价（assessment of learning）。两种评价的目的如表4-6所示，区别是十分明显的。

表4-6　两种评价的目的 [①]

评价的使用者	为了学习的评价	关于学习的评价
学生	我在不断进步吗？ 我知道成功的含义吗？ 下一步我该做什么？ 我需要什么帮助？	我达到应该达到的水平了吗？ 我能成功吗？ 我与同学之间的排名怎么样？ 学习值得我们努力吗？
教师	这个学生需要什么？ 这些学生需要什么？ 学生的优势是什么？ 我的教学太快、太慢、太深奥， 还是不够？	我在学生报告单上打什么等级？ 哪些学生需要特殊教育？ 我该告诉家长什么？
家长	在家里，可以做些什么来帮助 孩子学习？ 我的孩子在学习新东西吗？	我的孩子跟得上教学进度吗？ 教师做得好吗？ 这是一个好学校吗？
校长		教学有效吗？ 学生为以后的学习和工作准备好了吗？ 应该怎样分配教学资源？

---

① Jan Chappuis & Stephen Chappuis. Uderstanding School Assessment ［M］. Assessment Training Institute, Poterland, 2002:17-18.

续　表

评价的使用者	为了学习的评价	关于学习的评价
督学		教学能得到预期的结果吗？ 各个学区的表现怎么样？ 哪所学校需要额外的资源？ 为了获得成功，应该怎样分配学区的资源？
州教育部		州范围内的教育有效吗？ 各个学区的表现怎样？ 谁取得了足够的年度进步？谁没有？ 为了获得成功，应该怎样分配学区的教育资源？
大众		学生能成为富有成效的工作人员和公民吗？
评价的理由	为了帮助学生达到更高的标准，不断支持学生成长和进步。	为了证明个人或小组的成就水平，在某一特定的时间进行测验或问责。

　　之所以在评价信息的交流中要追求促进学习的目的，一方面是因为我们习惯只是给学生、家长等评价信息的用户一个简单的考试分数，而这很难对学生的学习或者教师的教学产生实质性帮助。例如，小明数学考了75分，家长听了就会觉得怎么只考了这么点，殊不知，这已经是全班最好的成绩了。或者是同样的75分，但是只告诉家长，这次数学考试小明考了第一名，家长听了会非常高兴。这里被忽略的是小明对特定教学内容的掌握情况到底怎么样，到底是哪些方面没掌握。这才是学习改进需要重点关注的内容。在对学习的评价范式之下，我们对评价信息的定位更多来自常模参照及其正态分布的理念。按照常模参照的思路评价就是确定个体在群体中的相对位置。依据这样的逻辑来获取特定数据的意义，在某些目的评价中是非常有价值的，也是具有重要操作意义的，比如中考、高考之类的选拔性评价。但在那些不以区分、选拔或筛选为目的的评价中，这样一种解释方式并不合适，特别是对于以改进为目的的教育性评价。在常模参照中，按照正态分布规律，成绩优秀的和成绩不理想的所占比例差不多，大部分处在中间状态。但是在真正的教育性评价中，教学的目的在于尽可能多地让一个群体中的每个人都能掌握所教内容，达到设定的教学目标。

101

在促进学习的评价范式下，我们对评价信息的交流更看重的是基于课程标准的评价信息和学生自身学习进步方面的评价信息。基于课程标准的评价是与早期基于标准的评价思想有着紧密联系的。在基于标准的评价中，它强调不同于常模参照拿个体的分数与所谓的"常模"相比，标准参照中用以与个体分数作比较的是"标准"（criterion）。标准参照中的标准就是教育者对学生应当掌握的知识、技能的明确界定，是对期望学生获得的成就的描述，标准参照就是将学生在评价中的表现与期望的成就"定义"相比较，以此来确定学生是否掌握以及掌握的程度。布鲁姆（Bloom）提出"掌握学习理论"，认为只要给予足够的时间和适当的教学，几乎所有学生都能在几乎所有的学习领域达到掌握的程度。由于标准参照的观念正好暗合布鲁姆的观念，因此在教育领域中得到广泛的认可。基于课程标准的评价与基于标准的评价具有前后的延续性，但是不同的是，基于课程标准的评价，其基础——课程标准——是课程专家、学科专家和管理者等经过严格研究而形成的相对更为科学的、明确的对学生学习的统一要求，体现的是经过阶段性的学习，所有学生应该达到的底线要求。以此为依据，教师和学生对自己的学习情况就有可能做出一致的、准确的判断。

教学评价信息必须要能为学生的自我评价做出贡献，即将个体在某一领域中的评价数据与他自己在其他方面的学习情况或以往的学习情况联系起来，从而获得关于当前评价数据的意义。具体来说，这种比较大致有两种方式：一种是横向比较，即将某学生在某领域的学习情况与其在其他领域的学习情况做比较；二是纵向比较，即将学生当前的学习状况与其以往的学习状况相比较。相对而言，在教育中，后一种比前一种运用得更为频繁些。

王少非认为在学习评价中，自我参照尤其自己跟自己的纵向比较非常必要，也非常有价值，因为学习就是变化，看到自己的变化是进一步学习最重要的动力来源之一。对于那些无论做出怎样的努力都很难提升"相对位置"或者那些无须做出太大努力就能保持领先位置的学生而言，这种参照尤为重要。不过，这种参照的作用主要在于其情绪动力功能，也即主要借助影响学生的信心、兴趣、动机、自我效能感等来实现的，其认知功能有限，即难以让学生确定自己的学习状况与目标要求之间的真正差距。特别是在当前基于标准的教育背景中，课程标准成为评价的关键依据之时，达成课程标准所规定的课程目标是对所有学生的共同要求，关注个体内差异的自我参照在使用过程中需要借助明确的参照标准，最重要的是需要借助标准参照。①

二、如何有效交流评价信息

从教学评价的整体角度来审视，在课堂评价中对学生的评价反馈本质上是教师将从评价中获得的信息与学生分享。反馈要对学习产生促进作用的话，提供反馈仅仅是一个起点，更重要的在于学生要根据反馈进行相应的行动。如果学生只是被提供给信息，却没有理解这些信息，或者没有基于这些信息做出改进的意愿和行动，学习的改善是不可能的。评价信息的提供只是带来一种改善的可能性，学生对评价信息的接收、理解以及基于信息的行动才是改善的关键。因此，比"信息的提供"更适当的是"信息的有效交流"。

评价信息的有效交流需要保证信息本身能为学生所理解。很多时候教师给予了评价反馈，而学生却"至多获得反馈的'时刻'"，而没有真正得到反馈。为了让学生"听到"反馈，除了保证反馈信息是关于学生可控的行为之外，不能就学生没有学习的内容给予反馈。如果学生没有理解反馈信息，或者说只是听听而已，那么反馈就经常没有效果。分享信息同样需要考虑信息呈现的方式，保证学生更容易接受。如果学生能够主动根据自己的学习情况寻求评价反馈，那么教师一定要以学生能听懂和接纳的方式进行交流。如果能做到这样，那么我们的评价结果对学生学习的促进会变得更强有力。

我们一直坚信：数据本身不会说话，数据之所以能告诉人们他们能明白的和需要的证据，就在于人们对数据的分析。我们实施的基于课程标准的学业成就测验本身是一种终结性的测验，按照我们的习惯思维，那最后的结果就是每个学生得到多少分，平均分是多少，然后是扩大到学校、学区、县市区、省等层面。这样的信息处理和交流并不能告诉我们关于测验的有效信息，而且会造成人们的错误印象——测验就是看看学生分数的高低名次，判断教育质量的高低也是如此。我们根据对基于课程标准的学业成就测验特征的分析，以及前面对他命题的规范分析，告诉大家测验分数背后代表的东西——达到了课程标准的要求了吗？哪些达到了，哪些没有？达到要求的

---

① 王少非.促进学习的课堂评价［M］.上海：华东师范大学出版社，2018：135.

程度怎样?

另外,有效的评价信息交流需要给学生提供更多的尤其关于自己在特定学习领域内阶段性的更为全面的信息,以帮助他们认识到自己好在什么地方、差在什么地方、努力的方向在哪里。不仅课堂评价的信息是如此,其实在大规模的测验中,如果评价信息提供得好的话,同样是可以用来促进学生的学习和帮助教师调整自己的教学决策的。例如,美国加州 STAR 项目的测验成绩报告就是如此(见表4–7)。

表4–7　美国加州学生测验成绩报告单内容举例 [1]

测验内容	标准分数 / 年级 / 全国百分位数 / 等级				测验内容分项内容	题目数 / 必答数 / 正确完成率 / 国内正确率			
词汇	175	3	40	31	词汇	29	29	45	69
阅读理解	198	3.0	62	71	事实解释	17	17	76	61
阅读总分	185	3.5	50	50	推理和解读	12	12	83	61
单词分析	172	4.6	40	31	分析和概括	8	8	50	48
听力	196	3.7	62	71	语音意识和解码	11	11	82	71
拼写	183	3.5	34	23	单词辨认	24	24	50	67
标点	148	3.1	45	36	字面意思	16	16	81	74
语文总分	184	4.3	56	55	推理理解	15	15	80	65
概念和估算	179	4.1	67	80	词根	21	21	62	80
解题数据分析	188	4.6	23	18	正确的拼写	3	3	100	85
数学总分	182	4.2	24	19	名字和名称	4	4	75	75
社会研究	187	4.0	46	34	日期和假日	4	4	75	76
科学	183	3.6	59	57	书写规范	5	5	20	56
综合分数	184	3.7	50	49	……				

下面是一则评价案例——"爱米丽的故事":一个成功课堂的故事 [2]。我们可以结合上述观点进行体悟。

在一次当地校董事会上,来自高中的英语教师向大家展示了过去一年来新写作教学方案实施的评价结果。在观众中有一位小女孩,她叫爱米丽,

---

[1] 汪贤泽.基于标准的评价信息处理与报告:以加州 STAR 项目为例[J].世界教育信息,2008(12):39-42.

[2] Stephen Chappuis, etl. Assessment for Learning: An Action Guild for School Leaders[M]. The Assessment and Training Institution. Portland, 2005:28.

和她的父母坐在房间的后面。她知道自己是这场报告的主角，为此她感到有点紧张。与以往学校的经历不同，今年的感受太不一样了。她知道父母和老师都以她为傲，她也为自己感到自豪。

为了准备好这次节目，英语教师参加了夏季学校（summer institute）：它主要培训如何评价写作的熟练水平，并把该评价与教学整合。教师对这种专业发展很有信心，也深信他们的后续修订工作能使学生掌握更高的写作技能。

在呈现评价结果的开始，英语组组长韦瑟斯比女士（恰好她是爱米丽的英语老师）向董事会分发了一位学生的写作作品（匿名），并要求他们阅读后做出评价。董事会成员依此而行，但在阅读和评价过程中，他们不断发出失望气馁的声音。各董事会成员对该学生作品的看法各异。有位成员充满困惑地问道，如果这样的作品代表了新写作计划产生的成果，那么该计划显然是失败的。事实上，他的观点是正确的，该作品确实相当糟糕。爱米丽快控制不住自己了，她握紧妈妈的手。

韦瑟斯比女士希望大家更耐心点，要求各董事会成员具体说明他们不喜欢这个作品的原因。当董事会成员发表他们的抱怨时，一位英语教师记录下他们的批评，汇总后的结果以书面形式向在会的人传阅。记录下的批评意见很多，包括作品中的重复、缺乏组织、短而没有变化的句子，以及不连贯的观点等方面。

接下来，韦瑟斯比女士分发了另一份学生的作品，也要求各董事会成员阅读后做出评价。这次的反应可好多了——他们认为这次的作品比上次的好多了，作文就该像现在这篇作文的样子。他们列出了表现积极的方面：选词适当、句子完整、思想清晰等。听到这些评语，爱米丽紧紧抓住母亲的手，她兴奋极了！

此刻让爱米丽感到如此兴奋的原因在于，她和她的同学度过了一个很特殊的学年。这是第一次，她和同学们与老师共同管理自己的写作。上学年开学初，韦瑟斯比女士（同学都称呼她为 W 女士）就十分清楚地告诉爱米丽，在当时她还不是一个好的作者，而且仅仅通过努力学习还是不够的。韦瑟斯比女士期望爱米丽能提高写作水平，而写作水平是无止境的。

本学年一开始，韦瑟斯比女士和学生们一起实施本州新的写作标准，包括理解高质量写作表现组成要素，即词语选择、句子结构、文章组织、措辞，并同时让学生共同分享为他们准备的"分项评分规则"。每项评分指南以学生可理解的方式指出了好文章与差文章的区别。当爱米丽和老师运用这些标准一起评价自己最早的两篇文章时，得到的等第很低——差。

爱米丽从此开始学习韦瑟斯比女士提供的高水平的范例。她开始明白这些范例之所以表现好的原因，这样范例和她自己作品之间的差距也慢慢清晰了。韦瑟斯比女士开始循序渐进地与她分享一些可以提高写作水平的例子和策略。随着时间的积累和韦瑟斯比女士的实践，爱米丽和同学们不断进行他们的新旧作品比较，并且开始建立各自的档案袋。这样，爱米丽就可以完全监管自己的写作技能改善情况。在学年中期，爱米丽的父母参加了家长会。在会上，是爱米丽而不是韦瑟斯比女士与父母分享了她的档案袋内容，并一起讨论了她写作中体现出的技能。爱米丽还记得分享的内容包括她已经取得进步的方面，也包括一些她还需努力的事例。现在，一学年过去了，她坐在位子上，等着轮到她向董事会汇报这一年里所发生的一切。这是多么精彩的一年呀！

董事会成员分析、评价、比较这两篇作品后，韦瑟斯比女士接下来的话让他们大吃一惊。原来他们刚刚评价的两篇作品，一篇是如此之糟糕，而另一篇是如此之优秀，但是皆来自同一个学生之手，只是差的那篇作品和好的那篇分别是在学期初和学期末所写的。韦瑟斯比女士认为这个例子说明了新的写作计划对提高学生写作水平的影响。

毫无疑问，在会的每个人都对此留下深刻印象。然而有位董事会成员大声地提出质疑：是不是这种方法提高了所有学生的成绩？会议之前就预料到会出现这样的情况，在会的其他英语教师也加入了讨论，用准备好的表格向大家做出解释。该表格是评价学生写作水平的量表，从六个维度说明好的写作的要求，它清晰地描述了学生经过一段时间学习后所发生的写作表现的变化。除了用量表来描述学生表现外，他们还用学生的实际作品来说明学生的不同写作水平。

而且，韦瑟斯比女士告诉董事会成员，刚才被呈现作品、被证明已取得巨大进步的学生就在现场，她的父母也在旁边。下面就由这位学生爱米丽——向董事会成员汇报过去一年她的学习经历。

听到这个消息，董事会成员热情高涨。爱米丽讲述了她是如何慢慢理解好与差的作品的重要区别。她提到了以前她还是不明白它们的区别，也提到了她是如何学会评价自己的作品，并且当自评的结果不好时，自己如何找出问题的根源；也提到了她怎样与老师以及同学之间讨论什么样的作品才是好的作品。韦瑟斯比女士谈到了写作教学重点的确定提高了学生的学习动机，也使得学生之间的关系发生了更积极的变化。

一位董事会成员问爱米丽是否喜欢写作，她回答："现在我确实喜欢写作！"当这位董事会成员向爱米丽父母询问他们对此有何感想时，他们非常自豪地回答，在这之前他们从未发现爱米丽取得了如此大的成就，而且成就的大部分原因来自爱米丽本人的努力。以前爱米丽从未被要求在家长会上发言，他们从来没想到爱米丽表述得这么清楚，他们喜欢所发生的一切。在过去的一年，他们的女儿成就自豪感和成就责任心如冲天火箭般上升。

随着会议接近尾声，晚会的出席者都认识到学生参与的课堂评价促进了学生的学习。英语教师承担了促进学生学习的责任，也和学生共同分享了这种责任，最终结局无疑是双赢的。会议的气氛非常融洽。社区团体的一个问责人员非常满意这些证明学生取得成功的可信证据，而且认为新的写作计划是提高学生成就的原因。无疑这个故事有个幸福的结局。

总体来说，在促进学习的评价范式下，良好的教学评价实践 = 搜集准确信息的技能 + 信息与程序的有效运用。具体来说，斯蒂金斯等人提供的良好课堂教学评价指标能为我们做一个很好的参考。

表4-8　良好的课堂教学评价的指标 [1]

1. 为什么评价？评价过程和结果为清晰的、适当的目的服务	a. 教师明白班级评价信息的使用者是谁及其用途，并且了解使用者的信息需要
	b. 教师明白评价与学生动机之间的关系，并且精心设计评价体验使学生动机最大化
	c. 教师运用课堂评价的过程和结果影响学生的性格形成（为了学习的评价）
	d. 在特定的时间，教师简明地运用课堂评价结果（学习的评价）以告知校外人士有关学生成就的信息
	e. 教师有将为了学习的评价和学习的评价结合的全面计划

---

① R.J.stiggins, J.Arter, J.Chappuis & S.Chappuis. Students Learning in Classroom Assessment: Do It Right and Use It Well［M］. The Association of Assessment Training, 2004:27.

续 表

2. 评价什么？评价反映出清晰而有价值的学生学习目标	a. 教师拥有清晰的学生学习目标；教师知道如何将粗略的内容标准的表述转换成班级层面的目标 b. 教师理解为学生提出的各种学习目标 c. 教师选择的学习目标主要是关于学生所需要知道的和能做到的最重要的内容 d. 教师有全面的评价学习目标的计划
3. 如何评价？学习目标被转换成产生准确结论的评价	a. 教师明白多种评价方式是什么 b. 教师选择适合原有学习目标的评价方法 c. 教师设计为原有目的服务的评价 d. 教师在评价中适当抽样调查学生的学习 e. 教师编写好各类评价问题 f. 教师尽量避免各种偏见
4. 如何交流？很好地管理和有效交流评价结果	a. 教师准确记录评价信息并对结果保密，适当地结合、概括评价信息来汇报情况（包括等级）。这样的概括准确反映出目前学生学习水平 b. 教师根据不同的学习目标和使用者，选择恰当的交流形式（等级、档案袋、面谈等） c. 教师正确解释和使用标准化测验结果 d. 教师有效地与学生交流评价结果 e. 教师有效地与班级以外的多个听众交流评价结果，包括父母、同事和其他相关人员
5. 如何让学生参与？学生参与自己的评价	a. 教师使学生清楚学习目标 b. 教师使学生参与评价、追踪和给自己的学习设定目标 c. 教师使学生参与讨论自己的学习

教师的教学评价尤其是课堂教学评价对学生的学习具有重要影响。可以这么说，教师在运用课堂教学评价方面的能力越高，学生在课堂学习方面的积极性和有效性便会越高。处于教学一线的教师经常会陷于这样的困境：听到促进学习的评价理念非常激动，一到实践应用的时候就会力不从心，最后变得一动不动，重新走回之前熟悉的路子中去。造成这种困惑局面的本质在于理念转变似是而非，即理念转变表层化严重，而且没有促进学习评价理念引领下的操作与实践，从评价理念到评价技术的落地也是空中楼阁。

在促学评价原则指导下的评价主要指向有三：一是，虽然常规教学评价一般发生于教学之后，但教学评价的作用更多地体现在具体的课堂教学中，虽然后者较为随意，但这是学习发生的真正情境；二是，从评价主体上看，重视教师对教学的评价作用，但更侧重学生自评与同伴互评，只有当学生理解评价标准及其内涵时，他们才真正开始为自己的学习负责；三是，注重评价周期中的反馈与报告环节。除非评价信息清楚地传达给学生，否则不能有效地改进学习（或教学）。在促学评价的评价文化中，任何一项评价活动的设计与实践首要考虑的就是如何使正在进行的教学和学习活动得以修正，实现促进学生学习的评价目的。这正是教师发展评价素养所需要的理念引领与实践导向。

第一节 教师评价素养的现状

2012年2月，教育部颁布的《小学教师专业标准（试行）》把教育评价能力作为教师专业能力的组成部分。早在2001年，教育部印发的《基础教育课程改革纲要（试行）》就指出：建立促进学生全面发展的评价体系。评价不仅要关注学生的学业成绩，而且要发现和发展学生多方面的潜能，了解学生发展中的需求，帮助学生认识自我，建立自信。发挥评价的教育功能，促进学生在原有水平上的发展。这意味着教学评价和学生评价由甄别性评价向发展性评价的转变。这种转变使得教师作为评价主体的地位和作用更加凸显，赋予教师更大的责任和评价权利，也对教师的评价素养提出了更高要求。那么，目前教师的评价素养能满足这样的要求吗？问题体现在哪些方面？

一、教师评价素养的总体情况

国内对教师评价素养研究关注得相对较晚，到21世纪初才慢慢开始。但是教师评价素养的问题一经提出，国内对此的研究还是比较可观的。在研究的前期阶段，一个令大家都想回答的问题——我们基础教育阶段教师的评价素养到底怎么样——引起了极大的关注。例如，王少非连续撰文提出了他对教师评价素养现状的担忧，主要体现在以下几个方面。第一，评价理念存在严重偏差，几乎所有教师都在日常实践中对学生进行评价，但是许多教师并没有明确的评价目的，也不知道到底为什么评价，是为自己教学或者学生的学习提供依据，还是为对学生做出鉴定，或者为其他目的。许多教师头脑中并没有清晰的意识，更多的是凭习惯或者经验行事。评价目的的混乱实际上源于教师对评价价值的混乱认识，绝大多数教师会以校外考试作为他们自己考试实践的目标，这在以下几种现象中表现得尤为明显：为考而评、为管而评和以评代教。第二，评价知识严重缺失。随着新一轮课程改革的不断推进，课程改革所倡导的评价理念开始进入许多教师的话语系统。如改变课程评价过于强调甄别和选拔的功能，发挥评价促进学生发展、教师提高和改进教学实践的功能，大部分教师耳熟能详；对于课程改革所倡导的评价改革方向，如发展性评价、质性评价、多元评价、过程评价、真实评价等，大多数教师能说出一二；对于新课程所倡导的新型评价方法，比如档案袋评价、表现评价等，大多数教师或多或少有所了解。但是，在具体调研教师对评价的信度、效度等专业知识的理解时，不到20%的人能对此做出准确回答。[1] 第三，评价技能水平相当低下。相当一部分教师不了解新型评价的操作，这是完全可以理解的，毕竟大部分教师尚处于实践新方法的初期。可是，在考试领域，如果教师同样缺乏技能，那么就是不可接受的。很不幸，在现实中，大部分教师的试题编制技能和考试结果处理技能并不高。这真是一个巨大的讽刺，因为大多数学校和教师都只向家长报告学生的考试分数或等级，大部分学生只关注分数或等级，大部分家长也只信任分数或等级，并以之作为判断孩子学习情况的唯一根据。[2]

从现有的文献来看，全国性的调查还没有出现，但是区域（县市区）的调查并不少见。例如，陈玉华等调查了宁夏回族自治区七个市县的中小学教师评价素养情况，提出几个方面的问题。第一，评价知识缺乏。高达77.7%的教师对新课标提出的"成就期望"感到"不大了解"或仅"了解一些"。在测评成绩的理解上，近六成教师对成绩的解释和运用存在困难。试想，对学生"成就期望"不了解的教师将依据什么评价学生或指引学生发展。第二，教师的评价技能较低。体现在评价语言单调且程式化，评课技能较低，形式化的东西较多，分析试卷的意识和能力缺乏（只有不到15%的教师会主动分析），教师反馈学生学习情况的技能较低（能给学生学习发展详细建议的教师仅占25.2%）。第三，教师的评价方法单一，对于评价的理解不到位，评价实践功利化倾向严重。有60.5%的教师认为评价素养是专业评估人员的事，

---

① 王少非.我国教师评价素养现状及归因分析［J］.当代教育科学，2008(12)：3-7.
② 王少非.教师评价素养的现状、框架及发展建议［J］.人民教育，2008(8)：31-34.

它不应该成为教师专业素养的组成部分。[1] 赵士果以上海 Y 区全体小学教师为对象进行了调查，结果相对乐观一些。小学教师的课堂评价素养在评价目标上得分最高，其次是学生参与评价、评价目的、评价结果的运用和评价方法，得分最低的是评价伦理。评价目的、评价目标和学生参与评价三个维度的平均得分处于基准水平之上；评价方法、评价伦理和评价结果的运用三个维度的平均得分处于基准水平以下。并且，从小学教师的课堂评价素养水平总平均分来看，得分略高于基准水平，但距离"完全符合"的较好水平尚有一定差距，这表明小学教师的课堂评价素养整体水平不算太高，仍有很大的改进空间。[2] 丁梅娟对 S 市一个区的小学教师评价素养的调查显示：小学教师评价素养总得分为 4.0475，处于问卷中设定的 5 点等级评分中的"基本符合（4）"和"非常符合（5）"之间，属于正向状态；总体评价素养涵盖的四个维度平均得分在 3.79～4.47 之间，可以说，整体的评价素养较高。教师评价素养各维度得分不平衡，个别维度差异较大，教师评价素养内部各维度得分由低到高依次是评价态度、评价知识、评价意识和评价技能。其中，评价态度两极分化严重。[3] 徐晓虹等对宁波市海曙区的中小学教师评价素养进行了调查，结果显示：无论职前、职后，教师严重缺少教育评价方面的专题培训；一半的教师在教育教学中缺乏理论联系实际的实践操作；教师对自身与同事的评价知识运用能力和评价具体行为表现的认同度较高；教师在评价方面的反思研究能力表现不一，近一半的教师有想法却鲜有反思，更多是没有付诸实际行动；教师评价实践中常采用的学生评价集中于四种方式，其中课堂口头评价占首位；等等。[4] 南纪稳对西安地区的中小学教师评价素养的调查显示：教师的评价理念水平整体比较低，还存在一定问题，潜意识中比较重视学生成绩排名，以及传统的甄别性评价；从评价知识来看，教师评价知识水平整体较低，仅仅达到及格水平，明显低于专业素养的要求。更为突出

① 陈玉华，咸富莲．中小学教师评价素养现状调查与分析：以宁夏回族自治区 7 个样本市（县）为例［J］．教学与管理，2011（9）：37-40.

② 赵士果．小学教师课堂评价素养的现状研究［J］．上海教育科研，2020（8）：53-59.

③ 丁梅娟．小学教师评价素养状况：来自 S 市的报告［J］．基础教育论坛，2016（35）：6-10.

④ 徐晓虹，董一．义务教育段教师的学生评价素养情况调研报告——基于宁波市海曙区的实证分析［J］．中小学教师培训，2018（3）：24-28.

的是，编制测验、通过考试评价学生是教师最常用的评价手段之一，但教师对测验质量指标的认知度却较低；教师在评价方法认知和运用方面不尽如人意，不能满足新课程的要求，还有较大的提升空间；此外，新课程主要倡导的表现性评价和档案袋评价在实践中的运用很不理想，基本不用和偶尔使用占绝大多数，这不能不引起人们的重视。[①]

另外，从研究的对象来看，除了面向教师总体的研究，具体到学科教师的评价素养也有涉及，例如，语文学科、数学学科和外语学科等，尤其是外语学科，研究成果的数量是最多的，这与学科背景是一致的。评价素养（assessment literacy）的提法来自英文，目前比较有影响的成果更多来自国际文献，英语教师有着先天的优势，研究也更容易一些。

二、教师评价素养的影响因素

到底哪些因素会影响教师的评价素养？这是一个接着上述问题，自然而然要回答的问题。按照我们的研究习惯，首先我们想起的可能会是性别、教龄、学历、专业职称、任教学科和年段等因素。上述调查显示教师的性别和任教学科与教师评价素养没有显著关系，这与我们的常识判断是一致的。

性别因素之外的其他因素与教师的评价素养之间存在着什么样的关系？例如，从教龄来看，除了在评价伦理上无差异，不同教龄的小学教师在其他五个维度及整体水平上都存在显著性差异。并且，拥有 15 年以上教龄的教师在评价方法、评价结果的运用、学生参与评价和评价伦理上的平均得分及总分要高于其他教师，这表明拥有 15 年以上教龄的教师整体表现最好；拥有 10～15 年教龄的教师在评价目的和评价目标维度上平均得分最高，表现最好；拥有 1～3 年教龄的教师，课堂评价素养水平在各维度上的表现并不都比教龄长的教师差，他们在评价目的、学生参与评价和评价伦理三个维度上的平均得分均高于拥有 4～6 年和 7～10 年教龄的教师。[②] 教龄和评价素养有显著关系，由于教师的评价知识主要是在实践中自学的，因此教师的教

---

① 南纪稳.教师评价素养的现状、问题与提升策略［J］.教师教育论坛，2016(6)：21-24.

② 赵士果.小学教师课堂评价素养的现状研究——基于上海市 Y 区 1032 名小学教师的调查与分析［J］.上海教育科研，2020(8)：53-59.

龄和评价素养有关系是合乎逻辑的。例如，从学历来看，有较多研究表明学历与评价素养之间关系显著，尤其是学科专业硕士层次以上的，能接触较多的课程改革信息以及专门的评价方面的课程与专题，这也是合乎逻辑的。从专业职称来看，具有高级职称的小学教师在课堂评价素养水平上的平均得分最高，其次为中级教师，最后为初级和未定级教师。进一步比较各维度均值后会发现，在评价目的、评价目标、评价方法、评价结果的运用等维度上，高级职称的教师要好于其他教师；在学生参与评价上，中级职称的教师表现最好，高级、初级和未定级的教师表现相近；在评价伦理上，未定级的教师表现最为出色，其次是初级、中级职称的教师，高级职称的教师表现最弱。[①]从任教学科和年段来看，这两者与教师评价素养之间并没有紧密的联系，相对而言，小学教师总体对一些评价的理念和知识点的了解更好一些，这可能与小学阶段进入新课程的时间更早、实践更多有关系。

对照教师所需的课堂评价素养，教师的实际表现不尽如人意。一方面整体水平偏低，个别教师素养严重缺失，主要在运用评价结果进行教学决策方面表现较差，而在评价伦理与合法问题上表现最差，设计评价方法和规范评价伦理两方面的知识水平很低。另一方面，中小学教师的许多评价活动不符合评价素养要求，普遍存在四方面问题：凭经验描述学习目标、误用评价方法、评价结果反馈不当、评价伦理失范。为什么总体上教师的评价素养不尽如人意？有哪些因素影响着教师评价素养的养成？

其中一个原因是大家都关注到的职前、职后培养的问题，主要体现在教师评价素养相关课程的缺失上。培养制度指向性的不明确造成了高等教育人才培养计划中教师评价素养课程缺失的直接后果。综合国内情况来讲，无论是在独立建制的师范院校，还是在综合性大学，教师职前教育课程设置主要包括四大板块：基础教育课程、学科专业课程、教育专业课程、教育实践课程。其中，教育专业课程体现了教师的专业特点，它是未来教师储备教育教学专业知识的必修课程，也是提高教师教育专业化水平和教师职业专门化程度的重要保证。已有研究表明，学科专业课程比例过大，教育专业课程比

---

① 郑东辉.中小学教师评价素养状况：来自 Z 省的报告 [J].全球教育展望，2010(2)：31-42.

例偏低呈普遍现象。大多数学校教育专业课程仅仅体现为教育学、心理学、教育技术学、学科教法四大传统门类，不但比例偏低，而且强调教师工作领域理论知识的传授，对教育评价的理论、方法、技术，教育与心理测量的理论与方法，评价所需的基本的听课、面谈、沟通的技能，试题编制、实施测试的技能，合理运用评价结果的技能及评价人必备的职业操守等方面的专业训练最为缺乏，虽然个别学校也开设了相关的任意选修课，但每年选课的学生少之又少。而比较国外一些发达国家，发现它们均把教育评价类课程列为教育专业必修课并保证了一定的课时。总之，我国教师职前教育中关于教师评价素养方面的内容是比较缺失的。[①] 教师评价素养的培养得益于后天的评价实践，主要依靠职前、职后两个阶段，在职前评价实践中获取评价相关的理论知识，并通过职后评价实践予以强化。其中，职前实践教育是教师教育专业的学习阶段，职后评价实践是教师评价素养的核心区域。教师评价素养的培养需要在评价实践中进行，职前侧重知识学习，职后注重技能训练。教师评价素养是评价实践的学习结果，这种以评价实践为导向的素养提升研究不仅在实践上验证了其对于教师专业发展的重要性，也在理论上对教师评价素养的定义和作用给出了更具有指导意义的点拨和发散。

第二个原因是外部评价的强势阻碍了教师评价素养的养成和发展。当前，不管承认与否，各种形式的外部评价已经成为中小学发展的"指挥棒"。特别是像中考、高考等对学生有重大影响的学业考查及评价制度更是评定学生学习、教师教学水平标准的直观反映，也是教育管理部门考评一所学校、一位教师主要的评定尺度。各类学校对此不敢马虎，因为大家都很清楚这种外部评价的威慑力，它更具考评的意义。尽管新课程提倡关注学生发展历程的内部评价或发展性评价，甚至中考、高考制度改革中也在积极地尝试对于内部评价结论的运用，但实践中不是走个形式，就是根本不能引起应有的重视，其导致的必然结果就是教师逐步丧失了评价权或造成对日常评价活动的漠视。学校不会对教师的评价素养提出过高要求，也不会有意识地组织专门的培训。教师本人提高评价素养的动机也不强，在日常的自学、进修中

---

① 陈玉华. 新课程的推进急需教师评价素养的跟进 [J]. 内蒙古师范大学学报 (教育科学版)，2010(12)：32-34.

不会刻意去涉猎有关教育评价的知识、技能。可以说，正是这种外部评价的强势，最终导致学校内部评价功能不断被削弱，甚至剥夺了教师评价素养得以积累、养成和发展的有效平台。简而言之，因为外部评价本质上是"防教师"的，教师极少有机会参与评价的全过程。外部评价的强势使教师课堂教学层面的日常评价严重边缘化，仅有的评价实践经常被笼罩在外部评价的阴影之中。显然，这样的评价实践不足以为教师评价素养的专业发展提供支撑。可以说，当教师的评价权得不到保障时，日常教学实践就不可能成为教师评价素养专业发展的机会。

第三个原因是评价素养未能被纳入教师专业素养结构。评价素养的地位和价值未能受到足够的重视，结果必然导致实践领域对教师评价素养的忽视。虽然我们已注意到了这个问题，但是在实际实施中并没有对其提供很好的指引，在实践中缺少落地措施，表现为教师可能从逻辑上接受了新理论，但并未将其纳入自己的价值系统，而成为采纳的理论实践。我国1995年颁布的《教师资格条例》和2000年颁布的《〈教师资格条例〉实施办法》均提出教师要取得教师资格，必须"具备承担教育教学工作所必须的基本素质和能力"的要求。从理论上讲，这里的"基本素质和能力"应当包含教师的评价素养，但实际上我们对教师评价素养的关注和研究远远不够，即便在教师资格考试中也很少有关于评价素养方面的内容。教育部于2005年启动的"全国中小学教师教育技术能力建设项目"中，关于"教学人员教育技术能力标准"中也明确提出教师要有"评价与反思"的意识和态度，但在实践操作过程中往往只重视信息技术知识本身的培训，而在如何引领中小学教师运用信息技术进行自我评价甚至科学评价学生的技能技巧方面很少涉及。在2011年教育部颁布的中小学教师专业标准中，明确在"教师专业能力"板块提出了教育教学评价的要求：用评价工具，掌握多元评价方法，多视角、全过程评价学生发展；引导学生进行自我评价；自我评价教育教学效果，及时调整和改进教育教学工作。问题是缺少在现有研究领域及实践层面的界定或特别说明，以避免由于人们理解和认识上的不到位而影响对制度的执行。可惜的是由于制度本身的含糊不清，导致人们对边缘性界定不重视。

第四个原因在于教师本身对评价缺乏主动理解，惯性思维严重。自古以来，教师评价学生是天经地义的，很少有人对其科学性、有效性提出质疑。随着学生学业考查制度的日益完善以及教育与心理测量、评价技术的不断发展，尽管新课程背景下的学生评价日趋成熟并逐渐走上专业化发展的道路，但教师对学生的评价依然具有很强的随意性，表现为只采用自己喜欢的评价方法或一味地采用便于操作的评价方法。一方面，由于缺乏测量与评价课程的系统学习与专业训练，多数教师对于自身是否应该具备评价素养的概念是模糊的，对于测量与评价的相关理念及专业知识缺乏基本的理解，导致实践中不是无作为，就是走了形式和过场。如时下颇受学生欢迎的显示学生学习成就或持续进步信息的学生成长记录袋，作为一种质性评价方式，应该是有利于学生发展、有利于全面评价学生的，但从目前的实施情况来看，不是处于停滞状态，就是形式化应对。又比如说，现有的学业评价理论对于如何有效整理、处理评价信息和得出正确的评价结论，已经有了较为成熟的做法，但由于操作要求甚高且程序烦琐，其运用并不普遍。因此当前教师更多的做法是采用操作简便的方法，如通过学科成绩简单相加再加上教师的几句评语，抑或借鉴他人的做法为相关指标赋以权重，然后加权平均等。还有连教师日常要做的制定课堂教学目标也都是凭经验应付了事，谈何利用教学目标促进学生的学习？

第二节　促进学习的教师评价素养提升

教师具备什么样的评价素养直接关系到学生学业评价的有效开展，决定了学校教育教学的整体水平。通过上节对教师评价素养的现状和影响因素的分析，我们可以看出，目前中小学教师的评价素养在一些方面表现不错，但是在实践中更多面临的是困难。我们都知道评价是教育教学中一个关键环节，但是如果只停留在口头或者理念之上，而在实践中付之阙如的话，那也只是说说而已。如何切实提高教师的评价素养，从而真正发挥评价促进学生的学习和教师的专业发展成为一个迫切需要解决的问题。

一、提升教师评价素养的现有探索

我们可以从不同情境、不同话语、不同认知等多视角来理解教师评价素养。与之相适应的是，我们也需要以教师评价素养为主题探讨其不同的提升框架或路径问题。

一个有效的方法是从文献考察现有的研究成果。从国内目前已有的研究来说，学者们的讨论大致可以归纳为两种情况。第一，借鉴国外的研究成果。例如，美国教师联盟（AFT）、美国教育测量委员会（NCME）和美国教育协会（NEA）联合开发的"教师的学生教育评价能力标准"（提出了教师实施评价时在知识、技能、伦理等层面的具体规定。该"能力标准"共有七方面内容，它们作为一个整体，规定了教师在选择、开发、应用、交流与评价学生信息及学生评价实践方面应该掌握的各项技能及标准），斯蒂金斯的"七要素说"，谢弗（Scheffer）的"八领域说"等。综观他们的研究，基本上包括了评价目的，学业目标，评价方法，评价学习结果，解释与管理评价结果，交流与运用评价结果，评价与教学、学习、管理等的关系处理，评价伦理等维度。他们从观照教师的日常评价实践入手，研究有关学业评价与教师发展关系的重要文献，整合教师的现实诉求和研究者的理论愿望，进而提出各自的构想。第二，尝试构建一种新框架。例如前面提及的王少非在《教育评价范式转换中的教师评价素养框架》一文中从理解评价，明确成就期望，运用适当的评价方式，适当的解释、运用评价结果四个方面详细地阐述了构建教师评价素养框架的可行性。这一框架的适用范围限定在一种新的评价文化之中，内容范围限定于教师的日常评价实践所必需的评价观、知识和技能。杨国海在《教师评价素养的内涵及框架》中建议从理解"评价"、使用"评价"、管理"评价"、评价"评价"4个维度共12个表现视角厘清并构建教师评价素养的内涵与发展框架。[1] 夏雪梅在其文章《提升教师评价素养的两种行动框架》中，从教师的视角解析促进学习的评价的内涵，然后基于学校的思路，为教师的评价素养专业发展提供了两种可行的行动框架，这对

---

① 杨国海.教师评价素养的内涵及框架［J］.当代教育科学，2011（4）：17-19.

于学校本位的评价发展与提升是有其价值的。[①] 还有上文提到过的郑东辉等研究者从评价的理念、知识、技能、实践应用等方面论及了教师评价素养框架的问题。当然，现有国内的研究远不止这些，但大都大同小异，在此不再赘述。

邓亮等人认为上述两种情况见证了学者们对教师评价素养问题研究所做出的努力。第一种情况借鉴国外的经验，主要侧重课堂评价的过程。要求教师的首要工作就是明确评价目标，然后设计课堂教学，最后达到真正促进学生的学业提高的目的。第二种情况更强调教师在课堂评价中的角色参与。在不同的环境和背景下，所构建的框架也不尽相同，但从国内已有的研究来看，基本上还是参照美国的标准所建立，要想构建本土化的教师评价素养框架，还需要进一步的探究。[②]

从国外情况来看，美国的研究成果最为丰富，英国评价改革小组的成果影响也很大。下面着重就美国的情况予以介绍。美国在基于标准的教育改革推动下，对教师评价素养的提升形成了比较丰富的探索成果，主要表现在以下方面。第一，职前教师教育的改进。20世纪80—90年代初，美国教育界出现了调查各州教师入职资格认证与教师教育项目中是否开设有关评价或测量课程的研究浪潮。这些调查研究的结果说明，当时大部分州的教师入职资格认证与教师教育项目没有关于评价方面的课程要求，或者即使开设了与评价有关的课程，很多课程所教的内容与教师所应知道或所需实践的评价也不匹配，所以教师普遍缺乏相关的评价知识与技能，这也是导致他们评价素养低下的直接原因。从20世纪90年代后期开始，美国各州的教师认证和教育培训机构均采用统一标准规范教师资格认证，并开始增设有关教育评价内容的课程。关于这一点，可以从大量用于职前教师教育评价课程的出版教材方面得以验证和说明。主要代表著作有：《教学中的测验与评价（第8版）》(Linn & Gronlund, 2000)、《课堂评价：理论与实践（第5版）》(Airasian, 2005)、《促进教学的课堂评价（第3版）》(Popham, 2002)、《学生的教育性评价（第6版）》(Nitko & Brookha, 2011)、《课堂评价：基于标准的理论与实践

① 夏雪梅.提升教师评价素养的两种行动框架［J］.基础教育课程，2008(11)：50-54.

② 邓亮，李媛.教师评价素养问题的反思与展望［J］.教育导刊，2015(7)：9-12.

（第 5 版）》（McMillan，2011）以及《教学中的测量与评价（第 11 版）》（Miller，Linn & Gronlund，2013）等。这些教材被一次次地再版发行，极大地促进了职前教师教育评价课程的设计与教学，也说明通过有效的评价课程设计与教学，不仅为广大教师提供了丰富的符合其实际需要的评价知识与技能，而且为教师评价素养的发展创造了先决条件。

第二，在职培训形式。这与培训的提供者的研究直接相关。例如，评价的主题培训。它通过背景介绍、实践练习、亲身体验、小组问题讨论和布置作业等流程设计 1~2 天的主题培训。根据教师的实际问题，突出让教师明确把握评价的结果的解释、交流，以及对教学的调整等。例如，评价素养学习小组。围绕如何进行高质量的课堂评价、如何使用形成性评价促进教学改革、如何使用多种评价手段和策略、如何进行基于标准的测评等进行研讨与培训。因为该模式所提供的培训方式与培训内容立足学区，贴近学校实际，能够满足不同层次教师的评价需求，因此深受一线教师的欢迎。例如，内布拉斯加培训模式。这一培训由内布拉斯加州自主开发的两个教师评价素养培训项目组成：内布拉斯加评价组群项目（Nebraska Assessment Cohort）和职前与在职教师评价素养研究小组项目。前者是由内布拉斯加大学林肯分校提供的项目，面向有经验的教师或行政管理人员，提供 18 小时研究生水平的课程，旨在提高教师和管理人员的评价素养；后者是对前面评价素养学习小组的扩展，由各个学校所属的学区来负责实施。在该培训模式中，职前教师和在职教师一起学习，共同度过一段连续的、长达一年之久的时间。该项目基于教师在评价知识、技能和态度方面的需求，并以课堂里真实的学生学习情境为背景，与传统的学习模式相比，研究小组模式为教师的专业发展提供了更多机会，也使教师的教学评价经验更趋合理化与情境化，达到了良好的效果。

第三，大学与学校合作模式。例如，2001 年，加利福尼亚州圣地亚哥联合学区与圣地亚哥州立大学签订了一个合作项目，目的是为学区所在的中小学校提供评价策略方面的指导，以改善和提升教师的评价素养。其中，胡佛高中就是受益学校之一。作为该项目的实验学校，胡佛高中聘请圣地亚哥州立大学两名专门从事学生学业评价研究的教授，来校与本校教师开展为期两年的合作研究，旨在把形成性评价融入学校的日常教学之中，以此提升教师运用课堂评价的能力，改善课堂教学的效果。实践证明，经过两年的合作研究，该项目使胡佛高中的教师受益明显，他们学会了合作开发试题、分析评价结果以及基于数据采取后续行动来激发学生等，从而使教师的教学评价变得更加准确、有效。[①]

二、提升教师评价素养的行动案例

上述更多的是从现有的理论研究角度梳理教师评价素养的提升问题，对于实践而言，更需要行动案例，为我们的理论践行提供帮助。下面主要从澳大利亚等国现有的行动方案进行考察和分析，以现有的教研组行动策略为中小学教师的评价素养提升提供支架。

(一) 澳大利亚教师评价素养提升案例 [②]

2015年，澳大利亚新南威尔士大学教育学院携手维多利亚教育评价局共同开发了"提升非母语英语教师评价素养在线工具"，即 TEAL (Tools to Enhance Assessment Literacy for Teachers of English as an Additional Language)。该工具基于促学评价原则和最近发展区理论而开发，目的在于提升教师的评价素养。TEAL 是一个提升英语教师评价素养的在线培训平台，从教师专业学习资源、评价工具包、教与学的评价案例、在线交流论坛四方面为教师提供专业资源，帮助教师了解评价素养、掌握评价技能、实践评价技术、反思评价行为。

第一，教师专业学习资源。为一般英语母语教师和非英语母语（EAL）教师提供获得评价素养与非英语母语素养的资源，通过解说视频、指导性文本和案例，使其深入理解评价框架的具体构成、评价原理以及评价过程。这一部分设计了九个自我指导模块，分别是：了解评价、计划、教与学间的关系；了解学生；确定学习成果与共享成功标准；搜集评价信息；促使学生积极参与评价；强化教师的反馈；提升评价的可信度；报告和使用评价信息；评价和发展教师的评价素养。这九个自我指导模块正好对应评价素养的构成

---

① 刘昕. 美国教师评价素养发展的策略与启示［J］. 语言教育，2018(1)：7-11.

② Tools to Enhance Assessment Literacy for Teachers of English as an Additional Language［EB/OL］. http: //teal.global2.vic.edu.au/.

要素。这样的设计可促使教师完整深入地学习评价素养，提升各项评价活动的专业性。教师专业学习资源的设计是建立在假设教师已经通过学校培训和正规学习熟悉基本评价过程与标准的基础上。它反对不思考地全盘接受，侧重自我反思、交流与运用。每个自我指导模块设计有反思、学习、运用、拓展资料和跟进五个环节，从反思活动开始，以建议性行动导向的活动结束。

第二，评价工具包。依据语言评价的类型，配置了四个可参照的评价工具。每一个评价工具依据学习阶段和学年段的信息提供了具体的指导原则和建议，并给出了可参考的评价任务和标准。写作评价工具和口语评价工具是以原型教师为基础的评价系统，通过收集和分析样品和范例，为学生的英语语言和读写能力提供诊断信息，并根据其发展阶段提出准确可靠的改进措施。阅读与词汇评价工具是为评价 3~10 年级学生所用，他们已具有基本的母语读写能力。其他评价工具是促进学生学习的支持性评价，包括 EAL 学习者阅读自评表和 TEAL 写作任务观察指导。其中，阅读与词汇评价工具和其他评价工具还在进一步开发与完善中。

第三，教与学的评价案例。它包含七项内容，总体上分为两部分：第一部分是评价整合与计划，给出以单元为单位的 EAL 评价计划模板，帮助 EAL 教师清楚地识别和区分 EAL 英语语言教学与主流课堂教学任务有何不同，从而明确教学重点，做好基于 EAL 课堂的评价计划；第二部分是具体的单元案例，按照 EAL 评价计划模板，针对适合不同年级不同语言水平的六个单元案例，详细给出评价计划，同时附有空白文档，以便有能力的教师结合实际自行设计。EAL 评价计划模板是"教学与学习的评价案例"的核心内容。它包括 EAL 学习规划表、TEAL 工作结构表、计划活动表、工作评价表四个工作表（依据真实文本编制）和一个活动建议表。工作表协助教师规划、实施、反思 TEAL 工作。活动建议表根据 EAL 学生发展标准（EAL Development Continuum）中语言方面的相关要求，按照学年和 EAL 阶段水平不同而分别编写。这些建议表有助于教师根据需求选择各种各样的活动，从而使学生获得较为全面的经验。

第四，在线交流论坛。为教师提供一个便利的讨论平台，在网络平台上，教师可以随时分享经验、策略和案例，从而使教师在在线合作中获得适度的专业学习。此部分设置了多个讨论区。例如，初次加入的 EAL 教师可以在"公共论坛"与其他教师讨论，在这里发表任何 EAL 相关言论，例如询问 TEAL 使用过程中的困惑、发表 TEAL 使用后的感受等，帖子内容宽泛，讨论氛围宽松。在专业学习论坛，论坛负责人会定期发表帖子提醒 TEAL 注册教师该阶段需要进行的专业学习模块，同时，已使用过 TEAL 专业学习模块的教师可以在"专业学习论坛"上阅览和发表反思，也可以提供一些有价值的资源和链接以供他人学习。

在具体的实施中，TEAL 具有非常鲜明的促进学习评价范式的特点。维多利亚课程与评价局将评价定义为：收集、分析和反思证据，并进行明智而一致的判断以改善未来学习和发展的持续过程。该定义将评价目标规定为改善未来学习和发展，且这种改善是基于证据的。TEAL 基于此定义，将教师评价素养发展的价值导向设定为促进学习的评价，并规定其基本内涵为：强调学习与可操作的促学评价策略间的相互作用；为师生明确表达学习活动的目标；反映一种帮助学生更好地学，而非仅仅为了取得更好的分数的评价观；提供学生使用评价反馈的方法；帮助所有学生为自己的学习负责。强调教师反思的重要作用。例如，在了解学生的自我指导模块中，教师自我测试后，需进行初步的自我反思，即如果你对此学生存在认知差距，那其他学生呢，你怎样找回缺失的信息。在运用环节，教师需完成学生认知表，用以检视其学习后，该评价素养的提升情况。在跟进环节，项目给出了学生档案记录模板，期望教师在完善信息的同时，反思自我缺失及需要改进的地方。在交流论坛中同样如此，通过定期发布评价实践中遇到的问题，不断聚焦、反思、提高。此外，强调资源的针对性。无论是教师专业学习资源，还是评价工具包，抑或教与学的评价案例，都提供了不同类型的实践指导。它的内容来源于教学实践，经过专业化处理得以呈现，最终依旧服务于教学实践。例如，教与学的评价案例的单元中均给出详实内容，教师可以拿来直接使用。

总体而言，由于评价素养具有更强烈的实践性与个体性，因此更迫切地需要行动与反思的不断整合。由此可见，行动＋反思是教师评价素养培训的核心路径。在范连众等人看来，想要发展教师评价素养，借鉴 TEAL 模式势必应该建立"顶天立地"的一贯式培训体系。这里的"顶天"意味着培训首先应致力于教师生成科学的、符合现代教育本质的评价理念，完成正确的价值观引领；而"立地"是培训最终应落脚于教师掌握具体可操作的评价技术，完成真评价落地。评价理念需要评价知识彰显，而评价技术需要评价知识保障。天地间广阔的知识领域是培训所不容忽视的。只有教师评价素养培训体系完整呈现从理念引领到技术落实环环相扣的环节，并保障每一环节科学而真实地进行，教师才能获得理念高、知识广、技术深的优质评价素养。[①]

(二) 促进学习的评价：进入实战的案例 [②]

这一案例主要来自英国评价改革小组的成果，主要成员是前文提及的布莱克和威廉等人。在已有研究成果的基础上，总体目标是让形成性评价融入教师日常的教学实践，并探索这一应用的好处。与之相连的目标是为更好地推广研究成果，尤其在在职培训中推广研究项目的成果。使用的方法是进行互动的在职培训项目开发，参与人员涉及教师及其领导、英王学院的研究人员以及地方教育局的咨询人员。教师的职责是在课堂中规划和实施个别化的改革，并做出评价，尤其反思在开发形成性评价方面的经验。英王学院研究人员的职责是最大范围地为教师的改革提供理念支持，帮助教师评估改革的实施情况，并据此在在职培训项目设计中加以推广。

工作重心在于他们认为现有的研究没能为教师们提供有帮助的重要成果，尤其在学生的自我评价能力方面。自我评价能力是形成学生自主学习的重要成分，也是有效开发形成评价的基础。核心任务之一就是搜集和解读这方面的信息。

1. 研究准备阶段

根据研究经验，他们将研究范围集中在中学，集中在 7、8、10 年级 (相当于 11~12、12~13、14~15 岁)。这是由于 9 年级和 11 年级都有外部统考 (关键年段 3 考试、普通中等教育证书考试)，这会妨碍形成性评价的进行。参与的学校有 6 所，其中牛津郡与梅德韦地区各 3 所。这些学校都是完全由与我们合作的地方教育局挑选的，当然对这些学校有一些前提要求：

---

① 范连众，赵娜，孔凡哲. 澳大利亚教师评价素养发展项目的内容、特点与启示 [J].现代教育管理，2019(3)：69-74.

② Paul Black , Chris Harrison , Clare Lee & Bethan Marshall, Dylan Wiliam. Assessment For Learning: Putting it into Practice [M]. McGraw Hill Education, 2003.

■有教师认识到评价的问题，并且在工作中能够尝试新的改革；

■必须是普通中学，排除语法学校等；

■学校在统考中处在中等水平，例如，避免那些天才学生为主和差生为主的学校；

■这些学校合起来要能有广泛的代表性。

其工作方式和阶段分为以下几种：第一种，英王学院研究小组、教师和地方教育局咨询员一起工作；第二种，英王学院研究小组到各个实验学校开展工作。研究的计划与进程是由地方教育局咨询员、英王学院研究小组和教育与技能部代表、课程与资格局、教师培训局等组成的监控小组负责监督的。

总共有 11 项全天培训和半天在岗培训。原先的计划是在各地方教育局实施在岗培训，可以减少交通时间。最后，只在一个地方教育局采用在岗培训，因为教师们都觉得与其他地方的教师一起培训收获很大（时间通常是早上 10 点至下午 4 点）。那菲尔德基金赞助了 6 天半的培训费用以及后来在斯坦福的 5 天培训。

教师在职培训大致可以分为三个阶段。1999 年 1—9 月是第一阶段，本阶段主要是制订实施计划。在计划的前 6 个月，我们鼓励教师尝试实践研究文献建议的策略与技术，例如，更多地提问、学生的同伴与自我评价、评论式打分、与学生分享标准。然后，每一位教师先制订出行动计划初稿，然后不断完善，形成确定具体实施哪方面的形成性评价的实施计划，并确定在 1999 年 9 月成立的实验班级。尽管这些行动计划没有内在一致的结构，教师可以自由地实验自己的设想，但我们还是发现他们可以归类如表 5-1 所示。24 位教师的行动计划中一共有 102 项行动——平均每人约 4 项，很少有同学校同学科的教师采用同样的行动计划。

表 5-1　24 位教师行动计划中的行动类型频数统计

类　型	行　动	频　数
提问	教师提问	11
	学生书面提问	8
	现有的评价：前测	4
	学生口头提问	4

类　型	行　动	频　数
反馈	评论式打分	6
	既有评价：多次测验	4
	小组活动：测验总结	4
与学生分享标准	学程活动：制定标准	5
	学程活动：样例示范	4
	课堂导入：明确目标	4
	课堂导入：设定目标	1
	课堂收束：教师总结	1
	课堂收束：学生总结	4
	小组活动：解释	2
	课堂评价	2
自我评价	自我评价：交通信号灯	11
	自我评价：目标	5
	小组活动：测验总结	6
	自我评价：他人评价	7
	学生同伴评价	5
	小组活动：复习	1
通用的	家长参与	1
	信件往来	1
	展示	1
总计		102

1999—2000 学年是行动计划的实施年。在第二阶段，即 1999 年 12 月至 2000 年 6 月之间有 4 次更深入的教师在职培训，集中于计划的完善。具体来说，是实施细节的完善。其中一个例子就是讨论哪一个教师来展示学生的家庭作业。通过观点交流和样例示范，可以帮助教师接受评价学生家庭作业的挑战，从而促进学习，并且制定相应的程序来保证执行。其他议题有：学习目标的制定与整合、个人日记的运用等。一个有益的补充是威廉所做的关于学习理论的演讲，因为教师意识到采用新的方法要求他们重新思考有关学习的信念，以及如何将形成性评价整合到教学中去。

2000 年 9 月—2001 年 7 月是研究的第三阶段，在此阶段进行了 5 次在职培训，要求各校的学科组根据研究进展不断解决各种研究落差，同时增加了一所新学校，因为原先的 6 所学校中开始有学校无法保证他们的教师参加研究会议。这一阶段的特征之一就是削减这些教师。有经验的研究小组开始成为会议的主角。这意味着在学校中以及和地方教育局之间可以有更多的讨论。在 2000 年 10 月加入的英语教师也为其他学科实施的新措施提供了有益补充。

最后阶段的系列会议包括：更进一步的教师提问能力研讨，对形成性评价与总结性评价之间关系的研讨。对于后者的研究，学校要报告以下方面：测验的频度，他们使用的问题来源以及评分框架，他们对学生学业成绩的记录和档案，根据这些记录和其他测验数据怎样报告学生学业成就信息、设定和预测普通中学教育证书统考（GCSE）等级。

2. 行动策略与资料搜集

行动策略主要围绕四大行动策略展开（见表 5-2），核心是解决促进学习评价素养中的提问、有效反馈、分享标准和自我评价等方面。大部分数据是质性的。主要包括以下方面：

第一，描述了三个阶段与教师们的面谈情况，即在计划开始时，第一年底以及第二年底；

第二，记录了一些阶段的课堂观察笔记；

第三，记录了在职培训时的文件与观察记录；

第四，收集了教师制定的以及修订行动计划的有关文本；

第五，每所学校对计划扩充以及下一步工作的申明；

第六，教师保存的杂志；

第七，教师对他们参与开发形成性评价工作的反思总结材料；

第八，记录了两组学生对经历过的课堂改革的看法。

这些是原始材料，主要目的在于促进教师的合作发展，总共有 250 多份资料，对这些资料的分析为行动策略的制订打下了坚实基础。

表5-2　教师实施形成性评价的四种策略

专家	形成性评价是内嵌于教学实践的
先行者	这些教师掌握了1~2种有效的实施策略，但还在探索其他实施策略
内在的引导者	他们掌握了1~2种有效的实施策略，并且严格执行
跟随者	他们开始尝试各种策略，但是没有将此与工作相整合

实施后，形成性评价为教师将课堂教学与现有的学习研究成果协调一致提供了途径。关注形成性评价不仅是增加一些新技术，它围绕学习来组织整个教与学的过程，帮助教师更有效地安排学生的学习经验。

(三) 教研组如何开展促进学习的评价素养教研

对广大教师来说，作为日常专业发展活动之一的教研活动是再熟悉不过的，但是在教研组专门开展课堂评价研究还比较陌生。如果要在教研组开展课堂评价方面的教研活动，那么以下三个方面是需要我们关注的。

第一，建立促进学习的课堂评价教研目标。教研组首先要明确关注课堂评价质量并不是要以无止尽的研究来应付各种考试，而是要以促进学生的学习为根本追求。促进学习的课堂评价主要追求以下九大方面的内容：1. 教学前教师要理解和清晰地表达学生将要达成的成就目标；2. 教师通过学习所使用的评价标准以及高质量学习的样例，使学生熟知并理解它们所要达到的各个学业目标；3. 让学生能描述他们将要达到的目标以及下一步的学习内容；4. 教师能将那些学习目标转变成能提供真实信息的可靠评价；5. 教师和学生利用课堂评价信息来改善和指导教与学；6. 教师给学生的反馈是描述性的、建设性的、经常性的和及时的，能帮助学生知道如何计划和改进；7. 要让学生积极、有效并有始有终地参与课堂评价，包括利用自我评价的技能来学会管理自己的学习；8. 要让学生与其他人积极、和谐而有效地交流他们的成绩状况与进展；9. 教师能理解评价与学生动机之间的关系，并利用评价来帮助学生获得成功和提高自信。

第二，建设一个真正的课堂评价教研小组。都已经有教研组了，为什么还要建设一个真正的课堂评价教研小组？因为开展课堂评价教研需要有明确的共同目的、稳定的人员构成并定期开展活动。课堂评价教研不是你好我好大家好的茶话会，它有明确的活动目的，那就是把课堂评价搞得更好。这意味着参加教研活动的每一个成员在整个活动完成后，课堂评价实践一定要有所改变。稳定的成员构成意味着一旦参加，就必须要完整地参与整个活动，而不是随意地想参加就参加，不想参加就当没看到。在参加的人员中，除了学科教师以外，最好能有学校领导和评价专家的参与。因为学校领导的参与能为教研活动提供更好的保障，而评价专家对于教研活动的推动和引领是十分必要的。有了稳定的成员之后，必须要定期开展活动。这既是成员之间彼此的承诺，更是实际所需。

第三，开展专业的课堂评价教研活动。有了课堂评价教研组之后，开展专业的课堂评价教研活动一般遵循以下流程：首先，思考课堂评价，阅读和反思新的课堂评价策略；其次，把课堂评价策略付诸实践，尝试应用，观察和推论课堂评价什么有用、什么无用；最后，从经验中反思和总结课堂评价，与小组成员共同分享经验、解决问题。

首先，根据自己的教学实践经验思考和评论课堂评价是教研活动的重要开端，但是往往会流于发牢骚和表面化。那么在这一阶段共同积极研读一些专业性的书籍就显得很重要了。专业性的书籍一方面可以提供知识基础；另一方面更是将知识转化为行动的重要研讨和参考工具。除了阅读前述提及的著作以外，还可以利用一些专题性的书籍，例如《用数据来提高学生成绩：一本收集，组织，分析和使用数据的手册》(黛博拉·维奥斯特姆，Suffolk，VA：Successline，1999)，国内的可以阅读除翻译著作之外的书籍如《促进学习的课堂评价》(王少非，华东师范大学出版社) 等。其次，经过前期的研读和讨论，教研组要着重让成员学会思考并构建解决思路，例如，"以前进行课堂评价时我总是……而现在我知道为什么它不是最好的选择了。如果再来一次，我想我会试着……"最后，要将这些零散的个人思考和实践进行总结归纳，形成教研组共同的研究课题，进行相对完整的实践检验。经过再次总结、完善，从而真正提升教研组的课堂评价能力。

第六章

促进学习的教学评价行动案例

　　教学生是教师的日常工作。正如律师要给客户打官司、医生要给患者治病一样，教师的工作就是进行教学，这也是他们被称为教师的原因。并不是所有教师的工作都是卓有成效的。本书强调的教师必须掌握能准确判断学生在一些教师关注的教育变量上的状况——具备相应的促进学习的教学评价素养是其中一个关键性因素。以往，教师教学评价能力的提升得到实际的关注较少。我们与几所小学和初中展开了校本研修合作，共同探索这个话题。

第一节　促进学习的教学评价的实践探索

如何在中小学实践层面切实发挥教学评价促进学生的学习？为此我们一方面与学校进行商讨，制订了总体的行动计划；另一方面，从实践角度分阶段进行了分项推进工作。

一、总体设计

提高课堂教学的实效性是学校教育永恒的主题。前期几所学校做了一些课堂教学实效性方面的校本研修实践。应该说，通过这些研修活动，教学实效性已成为教师的普遍追求，但总体而言，教师追求实效性的教学实践似乎没有找到明确的突破口和有效的实践策略。教师教学中存在的核心问题可以概括为教学的精准程度不高。具体来说，教学的目标意识不够强，对教学目标的把握不够精准，导致教学活动缺少方向；教学中的学情意识不够强，缺少精准把握学情的有效策略，基于学生学情开展教学的能力更为欠缺。也就是说，很少具备相应的教学评价能力来准确把握学生的学习情况，进而改进自己的教学决策，提升教学的实效性。我们确定在接下来的一年中，围绕"基于课堂评价的教学改进"这一主题开展校本培训，试图通过培训和实践研修的结合，分步骤解决"基于课堂评价的教学改进"所涉及的关键问题，提升教师的教学评价能力，进而提升教学的实效性。

主要依据研修主题及所确定的研修目标来确定研修模块。基本思路是通过分解"基于课堂评价的教学改进"所涉及的内容要素和实践流程要素，从内容模块角度进行设计，分一年安排。具体设计了四个内容模块，每一内容模块都包含了相关的原理讲解，以及后续的实践跟进活动，如教师自主学习、教研活动、观点交流、实践演练等研修模块。

设计的目的是在课堂评价理论与教学实践之间形成紧密的关系，在理论讲解的基础上引导教师进行观点交流和实践演练，形成利用评价信息改进教学的能力，讲好自己的教学故事。年度研修模块包括：基于课堂评价的精准教学框架、课堂评价的方法与技术、课堂评价设计、课堂评价结果的分析与解释。第一模块"促进学习的教学评价的框架"主要介绍促进学习教学评价的实质、课堂评价在精准教学中的作用，以及基于课堂评价的教学的总体框架，旨在为教师提供项目的一个整体样貌，为后续的实践活动规定一个框架；第二模块"课堂评价的方法与技术"主要关注课堂评价的实质即搜集学生学习信息，通过关注课堂评价与教学目标之间的关系，揭示高质量课堂评价的关键品质——基于目标的评价，同时结合教师的经验探讨用来搜集学生学习信息的方法和技术，主要解决教师对课堂评价的认识问题；第三模块"课堂评价设计"主要关注常见的课堂评价方法和技术的具体设计，包括课堂提问、作业、试题等方面，旨在提升教师设计评价活动的能力；第四模块"课堂评价结果的分析与解释"主要学习如何分析和解释评价结果，强调基于目标进行分析和解释，为后续的运用评价结果进行反馈和调整教学打好基础。

二、分阶段实施

（一）教学评价框架引导与教学目标制定阶段

在这一阶段，先是针对全体教师进行了"基于课堂评价的教学框架""逆向教学设计与目标分解"等专题性讲座。之后，通过准备的阅读单（相关的经典著作以及论文摘编材料），让教师对教学评价建立一个大的观念框架，并布置相应的从课程标准到教学目标的作业单进行实践演练，共同集中分析遇到的问题，进行后续的跟进。在实践中发现，教师对教学评价的理念框架认同度很高，但是进入教学实践，尤其教学目标的改进或者叙写仍然是我行我素，或者觉得很难改变。

对此我们进一步与教师进行了沟通，发现问题主要还是平时并不关注课程标准，对课程到教学目标的制定和安排的中间路径存在困难。例如，典型问题是如何把握课程标准中教育目的、课程目标、学段目标和教学目标之间的关系，并体现在具体上课的教学目标上。为此，首先，我们让教师进一步厘清这几者之间的关系，如表6-1所示。

表6-1 教育目的、课程目标与教学目标之间的关系分析

层 级	陈述名称	制定者	特 点	举 例
一级 (教育目的)	教育方针或培养目标	政府/国家	抽象；笼统比较关注"应然"状态	在德、智、体等几方面得到全面发展
二级 (课程目标)	九年义务教育的课程目标	学科专家	从"抽象"逐步过渡到"具体"	具有适应终身学习的基础知识、基本技能和方法
	九年义务教育语文课程目标			具有独立阅读能力，注重情感体验，激发想象力和创造潜能。学会运用多种阅读方法
	1~2年级语文课程目标(阅读领域课程)			结合上下文和生活实际了解课文中词句的意思，在阅读中积累词语
三级 (教学目标)	本单元/章或节课或本次活动的教学目标	教师	比较具体；比较关注"实然"状态	《沁园春·雪》的教学目标：感情充沛地吟诵；当堂背诵；理解诗人的壮志豪情

注：崔允漷. 有效教学［M］. 上海：华东师范大学出版社，2009:110.

其次，针对课程标准的解读做了进一步指导，分析课程标准的文本特点，以及阶段性要求与教学单元、课时教学目标之间的关系把握等。这方面的内容主要体现在表6-2当中。

表6-2　课程标准到教学目标的分解

课程标准	分解	学习目标	对应关系	分解策略
I		A	一对一	替代
II		B	一对多	拆解
		C		
III		D	多对一	组合
IV				联结 / 聚焦
V				

　　然后重点让教师们实践课程标准分解和教学目标制定的方法和注意事项。开始的时候并不理想。例如，有教师选择课程标准中的目标——"歌曲《雨花石》：准确把握歌曲节奏，能用连贯优美的声音演唱歌曲"，然后分解得到"唱准装饰音、切分音、休止符，声音统一、气息流畅表现出歌曲激扬的情绪、满怀深情地演唱"，得到如下教学目标："能用连贯优美的声音有感情地歌唱歌曲，准确地把握歌曲节奏，能较到位地表现歌曲中的断连区分，并能正确演唱切分音和前倚音。"又如，有教师将《物理课程标准》"物质"主题中"物质的结构与物体的尺度"其中一条的内容标准"知道物质是由分子和原子组成的"做了如下分解：可以将"知道物质是由分子和原子组成"这一内容标准分解为以下教学目标：学生通过科学探究能说出分子是组成物质的最小微粒，分子是由原子构成的；学生能说出分子是由原子构成的，原子是由原子核和带负电的电子组成，学生能够用语言描述出原子、分子模型，用图形绘出原子、分子的模型，让学生通过了解人类探索微观世界的历程，了解研究微观世界的科学方法。

　　从目标分解的角度来看，大部分教师没有呈现出分解的步骤，但是有了初步的分解意识，无法判断过程的合理性。从陈述的教学目标来看，目标部分内容有重复，教学目标指向的目标领域和学习目标相同，体现不出教学目标的层次要求（例如，体现不出认知的层次），教师仍然是主体，而不是学生。另外，以上教学目标中没有清楚地说明目标行为的条件和行为程度，不利于对目标进行导学和评价。

　　为此，在前面辅导的基础上，我们结合表6-3对教学目标的制定又进行了讨论，并着重让教师实践教学目标叙写的 ABCD 方法——A 即行为主体，就是目标表述中的主语，学习者；B 即行为，目标表述中的谓语和宾语，学习者应做什么；C 即条件，上述行为在什么条件下发生；D 即程度，意为上述行为的标准。例如，一个完整的表述："通过学习昆虫的形态特点后，学生能以 90% 的准确度，从书上的图中辨认出哪些是昆虫。"表 6-3 的目的是让教师准确理解课程标准的要求，进而在教学目标中合理确定自己的教学目标要求，清楚地让教师知道自己要教到什么程度、学生要学到什么程度，从而尽量避免教师凭借自己以前的经验或者习惯性做法，教得不明白，学得也不清楚。因为好的教学目标必定是能导学、导教、导评价的，这也是教学评价中教—学—评一致性的应有之义。

表 6-3 从认知目标分类认识教学目标层次

知识维度	认知过程维度					
	记忆 / 回忆	理解	应用	分析	评价	创造
事实性知识						
概念性知识						
程序性知识						
元认知知识						

经过这个过程以后，教师的教学目标有了较好的改善。例如，有教师针对散文阅读《那树》制定了一课时的教学目标：了解文章的行文线索，赏析文章凝练而韵味深刻的语言；理解本文的立意，把握作者渗透在字里行间的思想和感情；有感情地朗读课文，在朗读中体会文章的内容；了解人类文明的进步与自然生态之间的矛盾，增强学生的环境忧患意识，树立学生保护环境的责任感。经过讨论之后，修改为：用 3~5 分钟默读课文，找出过渡性语句，概括文章线索；精读能体现大树品质的描写片段，注意语音、语调，读得准确体现感情；跳读运用抒情表达方式的语段，议一议文章要表达的主题思想；讨论身边因经济发展对生态环境造成破坏的现象，认识环境与生活的关系，增强环境保护意识。虽然没有完美体现意图，但是有了很大改进。

（二）课堂教学评价技术与设计提升阶段

这一阶段主要关注课堂评价的实质即搜集学生学习信息，通过关注课堂评价与教学目标之间的关系，揭示高质量课堂评价的关键品质——基于目标的评价，同时结合教师的经验探讨用来搜集学生学习信息的方法和技术，主要解决教师对课堂评价的认识问题。在课堂评价设计中，主要关注常见的课堂评价方法和技术的具体设计，包括课堂提问、作业、试题等设计，旨在提升教师设计评价活动的能力。在对评价课堂评价的实质是搜集学生学习信息这一理念的强化和吸收后，我们与教师围绕提问、试题设计等进行了专题实践。

1. 以提问为例，与教师专门听取并记录了一节数学课"倍的认识"的教学过程。我们对其中一个集中提问较多的新知授课教学片段（大约10分钟）进行了讨论和分析，片段记录和简要分析如表6-4所示。

表6-4 "倍的认识"教学片段记录

提问环节	课堂提问实录	问答方式	提问目的
新知传授	1. 红萝卜和胡萝卜比，我们把2根胡萝卜看作一份，将其圈起来。那么红萝卜几个2根呢？	个别	引出新知
	2. 我想问问同学们，只看这句话你能看出谁在和谁比？	群体	引出新知
	3. 把谁的根数看作一份，作为标准量的？	个别	引起学生思考
	4. 谁是谁的几倍？	个别	追问
	5. 刚才我们用了什么方法知道红萝卜的根数是胡萝卜的3倍？	个别	小结
	6. 那你们能不能也用同样的方法找到白萝卜根数和胡萝卜根数之间存在怎样的倍数关系？	个别	简单运用新知
	7. 同学们都看黑板上的圈法，你们同意吗？	群体	无意义
	8. 那白萝卜和胡萝卜比，白萝卜有几个2根？	群体	理解概念

提问环节	课堂提问实录	问答方式	提问目的
	9. 谁能像刚才那样完整地说一说？	个别	理解概念
	10. 谁来说一说只从这句话里我们可以看出谁在和谁比？	个别	帮助学生分析"倍"的关系
	11. 把谁看成一份？	个别	帮助学生分析"倍"的关系
	12. 谁是谁的几倍？	个别	帮助学生分析"倍"的关系
	13. 在两种萝卜数量比较的时候，我们都用到了一个什么字？	群体	再次强调"倍"
	14. 谁能说说我们是怎样认识倍的？	个别	理解什么是"倍"
	15. 看，现在白萝卜的根数是胡萝卜的几倍？	群体	设疑
	16. 你是怎么想的？	个别	询问原因
	17. 如果胡萝卜还是2根，白萝卜有20个2根呢？	群体	变式设疑
	18. 50个2根呢？	群体	变式设疑
	19. 1000个2根呢？	群体	变式设疑
	20. 你有什么发现？	个别	引导学生总结
	21. 孩子们，现在小灰兔又拿来了1根胡萝卜，现在红萝卜的根数是胡萝卜的几倍？	群体	抛出疑问
	22. 你是怎么想的？	个别	追问
	23. 都是6根红萝卜和胡萝卜比较，怎么一会儿是2倍，一会儿又是3倍呢？	个别	引导学生思考，进一步理解"倍"的含义

我们接下来先引导教师们对授课教师的提问类型和提问涉及的认知层次进行归类分析，如表6-5所示。

表6-5　教学片段提问类型归类分析

提问类型	要　求	类别	比例
认知水平	需要学生说出最基本的知识点和概念，不用思考	A	59.5%
理解水平	学生理解学习内容的含义	B	16.7%

续　表

提问类型	要　求	类别	比例
运用水平	需要学生将学习到的新知识运用到新的情境中	C	14.3%
分析水平	需要学生掌握学习材料的前因后果及相互之间的联系	D	9.5%
综合水平	可使学生将所学知识用一种新的方法进行重组，从而形成新的知识框架	E	0
评价水平	使学生用某一标准做判断	F	0

在前面分析的基础上，我们进一步讨论存在的问题与解决的方法。主要体现在以下几个方面：第一，要学会等待。提问的节奏不是越快越好，等待是为了给学生留出足够的思考时间，教师在提问之后的等待时间长短直接影响问答的质量。从上述教学片段来看，在短短 10 分钟里面，师生之间的问答达到 23 次，平均下来，每次问答时间不足 25 秒。除掉教师讲解和学生回答的时间，留给学生思考的时间少得可怜。威廉·迪兰等人的研究建议：对于低难度的问题，教师应该把候答的时间增加 3~4 秒，对于高认知水平的问题，应该增加 15 秒以上。而且在实验中，他们发现教师把候答的时间增加之后，课堂会发生显著的变化：学生不回答的次数显著减少，回答问题更有信心，会提出更多解释。

第二，要基于教学目标设计问题。教师提问的次数并不是多多益善，而是要与教学内容、学生的特点相匹配，保证高低认知水平问题的合理比例。教师设计问题必须要考虑一节课要达成的教学目标，适当安排课堂提问。按照布鲁姆教育目标分类的标准，上述提问体现的认知水平大约 80% 集中在认知和理解的水平，12% 集中在运用水平，8% 集中在分析水平，没有问题体现综合水平和评价水平。从实际效果来看，学生仍有很多不理解之处。从这节课的教学目标来看，学生不仅要理解一个数是另一个数几倍的概念、意义，更要培养观察、操作、迁移及语言沟通能力。由此可见，教师在提问设计上还有提高的空间。

第三，要提升师生之间的互动水平。应该说，上述教学片段不失为一种教学互动，但是我们更多看到的是一种"打乒乓球"式的互动，整个问答过程呈线性状态。由此可见，一方面教师要思考自己设计的问题怎样才能激发学生的思维，预测学生可能会出现的各种各样的回答。通过这样的方式，教师就能发现哪些问题具有形成性功能。同样，他们可以预计如何才能在课堂上更好地完善和运用这类问题，也能够事先预计到某些特殊问题的走向。另一方面，教师要鼓励学生学会提问题，尤其经过问题解答之后还存在问题的时候，避免学生成为回答问题的机器，丧失提问的能力。当学生自身对课堂问题有了积极的思考，那么这样的问答行为才是真正的教学互动。

此外，教师还提出，这里面的就是萝卜开会，一会儿白萝卜，一会儿红萝卜，一会儿胡萝卜，学生很容易迷糊，可以将其换成萝卜、苹果和其他蔬菜水果，这样容易分清比较的对象。课堂提问在教学的不同阶段其关注点是不同的：过渡内容提问是提醒学生前后知识的联系，突出重点知识的提问是强化学生对重点的掌握，复习提问是检查学习的效果。

2. 以试题设计为例。在中小学中，教师对命题是非常重视的，学校也开展过有关命题或者试卷分析的教研活动，但是如何根据课程标准进行命题、命题到底依据什么等问题仍然是存疑的。我们试着让教师根据自己的教学内容点和课程标准提供三个左右的题目，但是结果并不是很令人满意。下面是一些实例：

例1的目标是：区分物理变化与化学变化

编制题目1：下列诗句描述的变化属于化学变化的是（　　　）。

A. 千里冰封，万里雪飘

B. 野火烧不尽，春风吹又生

C. 只要功夫深，铁杵磨成针

编制题目2：夏天打开冰箱门，常常会出现很多"白气"，出现"白气"这一现象属于（　　　）。

A. 物理变化

B. 化学变化

C. 不能确定

例2的目标是：了解加减法之间的联系，熟练计算8、9的加减法。

编制题目1：根据3+5=8，写出两道减法算式。

编制题目2：用1、2、7、8、9写几道加减法算式。

例3的目标是：能够听说读写，并在情境中正确运用名词性物主代词：

mine, yours, ours, his, hers, theirs。

编制题目1: Mike, is this book _____? ——No, it's not _____.

A.you, me　　 B. yours, my　　 C. yours, mine

编制题目2: 用括号中单词的适当形式填空。

——Are these pictures all _____ (our) ?

——No, these pictures are _____ (their) .

例4的目标是: 理解课文重点句子中的关键字词、句子

编制题目1:《天窗》夏天阵雨来临时，孩子们顶喜欢在雨里跑跳，仰着脸看闪电，然而大人们偏就不许。

(1)"顶"的意思是（　　）。

A.迎着　B.支撑　C.表示程度最高　D.最高的部分

(2)从"顶"字可以体会出孩子们在雨里跑跳时（　　）的心情，从"偏就"一词可以体会出孩子们（　　）的心情。

编制题目2: 在《小英雄雨来》的课文学习中，学生随着老师的手指，齐声轻轻地念起来，齐声轻轻地念起来:"我们——是——中国人，我们——爱——自己的——祖国。"

(1)句中出现了许多破折号，这些破折号表示（　　）。

A.解释说明　B.声音延长　C.话语中断　D.意思转折

(2)此句是（　　）描写，画"——"的句子在文中出现了（　　）次。作者借助这句反复出现的话，表达了以雨来为代表的少年儿童（　　　　）的情感。

通过与教师的进一步交流，教师慢慢有了转变:一方面，明白题目不仅仅是选择题、填空题，还有建构性反应题、表现性题目等，要根据需要进行选择；另一方面，明白题目要能体现不同层次的认知要求和行为要求等。最后在完整的试题设计方面又进行了一轮交流，教师的问题设计与命题才有了较为明显的改变。

（三）评价结果的分析与解释阶段

这一阶段主要学习如何分析和解释评价结果，强调基于目标进行分析和解释，为后续的运用评价结果进行反馈和调整教学提供基础。尽管为教师

提供了一些理论框架,但是在实际应用时还是习惯原先的做法,作业或者测验结果对教师的教学策略调整不大。为此我们又分几个主题与教师共同讨论实践应用。

一个是数学中的案例。例如在数学教学中,面积问题是比较常见的,我们提供了一个教学问题让教师进行教学并做了共同分析。教学主题如下:

下图中是有人想在自家院子里种东西的一些设想,每一个格子为1平方米。请同学根据图片中的描述,回答以下问题

1. A 部分的面积是多少?＿＿＿＿＿＿＿＿＿

2. ABCD 哪一块面积最大?＿＿＿＿＿＿＿＿

解释你是怎么计算的＿＿＿＿＿＿＿＿＿＿＿＿＿＿＿＿
＿＿＿＿＿＿＿＿＿＿＿＿＿＿＿＿＿＿＿＿＿＿＿＿＿＿

3. 在下面的格子中,画出形状不同但面积与 A 相同的图形,并且用 E 表示。

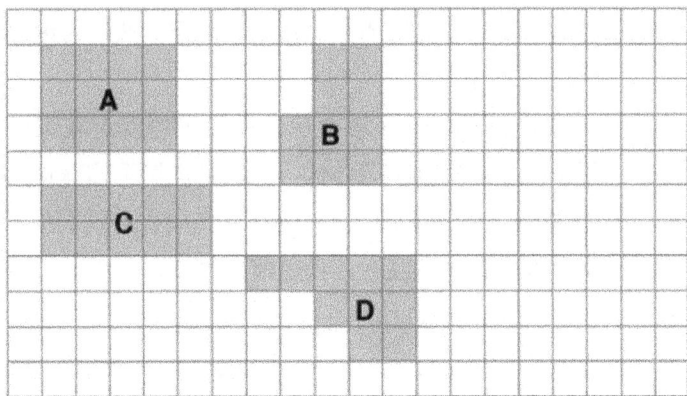

在学生作答后,教师需要及时对学生的情况进行分析,我们建议教师首先全面分析错误的类型情况。主要有:错误理解;搞混了面积与周长,或者命名了图形,但没有给出面积的值;学生运用视觉线索如高和宽来比较面积,而不是运用计算结果来比较;学生没有认识到其实旋转图形是与 A 一样的图形。它不是一个不同的图形;学生不知道如何证明比较的结果。他们可能会说"我数了"。但他们没有确定图形 BCD 的值;学生依然画了 A 的旋转图形,而不是设计一个不同的图形;等等。

之后分析对于教学的启示是什么，学生需要关于几何图形多样化的经历。他们需要看到多种不同方向的图形并能识别哪些相同、哪些不同。要能画出或设计给定面积或周长的图形，需要综合关于图形的多种观念，明显不同于求出已画出图形的面积。学生需要有机会使他们自己的图形满足一系列指标。有时这些指标应该包括一些不可能的事，如一个有两个直角的三角形，或者一些推动思考的事，如画出给定面积的所有矩形。学生应该有机会接触视觉幻象，或者看起来更大或更小的图形，但实际上面积相同。这会让他们知道需要求出确切的面积而不能仅仅依赖于视觉线索。可以在面积比较的基础上拓展到根据特定的金额去商店买东西的问题，重要的是要在做出最终决定之前确定所有选项的数量。学生有机会在多种情境中进行比较，包括钱、数据和尺寸。运用讨论和仔细设计的问题来引导学生理解在确定项目排序之前确定每一个选项的值的重要性。

在接下来的教学中可以给予学生一些常见的视觉幻象，要求他们回答哪个更长或更短或更大或更小，并且要求他们说出是如何知道的。在所有学生认定某一选项之后，让学生通过测量找到正确答案。然后讨论为何测量很重要。

另一个是语文教学案例。作文教学是语文教学的重点和难点，通常教师讲了很多，也用了很多范例教学等尝试，但效果仍然不够理想。我们与教师讨论之后，让教师与学生一起制定评分规则，让教学变得更为清晰和主动。以议论文写作为例，制定了以下评分规则，如表6-6所示。

表6-6　评价规则

	优秀 A 等	良好 B 等	及格 C 等	接近及格 D 等	努力达到及格　E 等
论点	核心观点契合题意，具有深刻性或新颖性和启发性	有明确的核心观点，较好契合题意，有一定深度	有明确的核心观点，基本契合题意	有核心观点，但偏离题意	没有明确的核心观点，不知所云

续　表

	优秀 A等	良好 B等	及格 C等	接近及格 D等	努力达到及 格　E等
论据	论据材料能充分证明论点，与论点紧密关联，具有新颖、丰富等特点	选用的论据材料能较好地证明论点，具有一定的新意和深刻性、丰富性	所用材料能基本证明论点，但不够丰富精准，关联性不强	有想支持论点的材料，但是材料本身有误、单薄等不能证明观点	没有支持论点的材料，只有空洞的议论
论证	论证层次分明，逻辑严密，论证方法恰当、多样，说服力强	论证层次分明，逻辑较为严密，论证方法恰当，有较好的说服力	论证有一定层次性、逻辑性，论证方法能从某些方面说明论点	能从几个方面证明论点，但是逻辑性差，论证方法使用不恰当	有论证的意图，但是论点和论据之间缺乏逻辑，论证方法单一、有误
表达	标题新颖切题，结构严谨，过渡自然，详略得当，用词用句准确多样，体现个人写作风格	标题符合题意，行文流畅，段落安排合乎逻辑，能打动读者	标题老套或重复给出提示，段落过渡还算自然，逻辑性一般，但读者基本能读懂全文	标题与题意有一定偏离，叙写缺乏逻辑性，读者读懂全文有一定困难	没有合适的开头和结尾，叙述和议论混乱，在表达方面还有大量努力的空间

之后，让教师和学生一起运用这个评分规则对自己的习作进行分析，并修改。从总体上说，教得明白、学得明白的基本目的达到了。此外，我们还对学科测验中试卷的编制、测验结果分析，以及如何根据测验结果进行教学决策做了初步的探索。至此，我们的行动研究告一段落。

第二节　对促进学习的教学评价行动的反思

任何将理念付诸实践的尝试都是一种学习经验，但同时它也是充满不确定性的。确实，在实践中，教师要将促进学习的教学评价理念转化为自己的信念和有效的行动并不是一件容易的事情。每个教师都有自己的想法，不同的教师采取的行动是不同的。这里的研究与那些可资借鉴的实证研究相比是不那么严格的。因为参与者不是随机选取的，所以样本并不能代表教师和学校的覆盖面；成功的标准是质性的，在不同的教师和学校之间会有很大的差异；控制的选择也太过多样且不系统。总体而言，教师对这种改变的坚持、学校对这种改变提供的各种保障是十分必要的。

一、从理念到实践能力的形成需要一个长期的过程

我们在实践中经常会遇到教师提出这样的问题：听了讲座之后，我觉得很好，那你们能不能在实际教学中开出一堂示范课，这样我就能参照你们的课堂示范来进行教学了。对这样的问题，我们自己也会陷入尴尬之中。其实在实施之前，我们也考虑到这样的问题，本身项目的设计就是体系化的，理论和实践穿插其中。同时，我们与教师一起讨论，以前的师父带徒弟，徒弟要三年才能出师，这是为什么？

教师之所以会有这样的想法，是与其长期形成的习惯和背后的程序化逻辑有关的。很多学校企图通过严格的程序式训练来培养教师掌握一种以标准的、确定的程序来控制课堂的技能。即使是在教研活动过程中，教师也只是被动听从学校的固定安排，定时定量完成任务。在这样的教学环境下，教师将被动地接受、服从视为理所当然，逐渐变成"一个仅仅从事非创造性劳动的雇工，一个只是灌输既定意识形态的传声筒，一个贬损自身魂灵的精神附庸，一个维护错误观念的文化保安"。这可能将教师变成缺乏主体性与反思意识的"技术工匠"，以致在未来的课堂教学中，他们习惯从自己被奴役的"惯习"出发对学生进行规训与压迫，将学生驯化成没有自我的"知识人"。[①] 遵循"控制"逻辑的实践教学窄化甚至曲解了教师专业能力的内涵，遮蔽了教师专业能力内蕴的自主性与创造性，致使教师无法形成一种关于未来课堂教学情景的自我理解和建构，无法形成一种不断追求教育深意的情怀，以及在面对时代巨变和社会现实时不断调整自我、规划自我的内在发展动力。

没有理论的实践是盲目的。仅仅把理论作为知识存储于大脑，这与没

---

① 吴康宁. 教师：一种悖论性的社会角色——兼答郭兴举同志的"商榷"［J］. 教育研究与实验，2003(4)：1-8.

有理论也无很大差别。只有理论激发了实践者的理性自觉，理论才会成为实践者实践的依据。对教育实践者来说，比起所谓教育的客观真相，教育理论建构的教育之理更有价值，也更能牵动教育实践者的精神世界。实践者的角色促成实践者的本位立场，有吸引力的教育理念可以引发他们的合理联想，有潜力把他们带进新的教育格局和秩序之中。教育理念的文本在一定程度上和哲学以及文学的文本相似，读者可以毫无功利地阅读，却能获得认识上的启迪和情感上的激发。我们之所以执着某种教育理念的实现，固然由于它的正确和美好，更由于某种教育的理念激发了我们的理性自觉。

在实践中，教师主要根据自己的教学经验来对我们倡导的教学评价理念进行取舍，更多的还是坚持自己原来的教学评价模式。这个改变是痛苦的，经常会出现退缩。这里我们采用的主要方法是引导教师对教学评价的理念与方法结合自己的教学经验进行归纳和优化。第一步，检验教师原有的教学评价经验。检验过程分为两种情况：首先，呈现的教学评价行为与促进学习的评价标准完全一致。当遇到相同教学评价行为的相同操作方法，并且教学效果理想时，那就是印证了自己原有经验的合理性，教师教学评价行为中就可以坚持原来的一些做法。其次，呈现的教学评价行为与促进学习的评价的标准相违背。在实践中会发现教师关于某些教学评价的做法违背了最初提炼的经验，并且教学效果不理想，如果按照我们提倡的评价标准去实施，将会取得较好的教学效果，这表明对自己的教学经验进行调整是很有必要的。第二步，在经过若干次检验、丰富后，教师的评价实践将呈现出相对稳定性与科学性，具有普适性、实践性的概念化教学经验具备了实践教学评价理论的性质，可以用来诊断课堂、指导教学评价，优化教师的教学行为。

二、让学生成为教学评价的重要参与者

美国科学教育 K-12 委员会通过对课堂的评价研究，得出过一个重要结论：学生参与是每一阶段评价能否成功的关键因素。这里很重要的一个方面是教与学进行及时有效的沟通，教师与学生之间的教学合作得到了真正的加强。这也体现出了教师的教学观。目前对于学生的主体地位已经得到共识，让学生参与教学评价正是破除教师习惯的教学"教师中心"一种有效体现。学生参与教学评价是课堂教学改革的一项重要内容，会对学校的教学改革产

生深刻影响，发挥评价激励学生学习和改进教师教学的作用。

对师生双方来说，让学生成为教学评价的重要参与者是极具价值的。对学生来说，学生参与评价是解释和剖析学习过程的工具。学生参与评价，可以充分交流，分析在学习过程中的不足和有待改进的地方，进一步提高学生的学习能力。在传统课堂教学中，教师是评价的权威，是课堂评价的主宰，课堂上缺乏了学生的积极参与，也就缺乏了生气和乐趣，缺乏了智慧挑战和好奇心的激发。当学生在学习之前知道用来评价他们的标准，学生有了参与课堂教学评价的机会，知道学习预期标准，并通过自己的努力达到学习要求，这有助于学生根据自己的实际学习能力而不断调整学习方法，提高学习效率。参与教学评价是学生主动寻求知识，发掘知识的内涵、重点的学习过程，是一种创造性学习的过程。这种积极的学习过程显然受到学生自身强烈的认知需求驱使，能充分发挥学生的主观能动性，是其陈述思想、发表见解的机会。这样和谐民主的氛围有利于提高学生的学习效率。[①]对于教师来说，他们在与学生交流互动的过程中，可以检视自己的教学行为，仔细反思教学中存在的问题，并以此作为前进的起点和动力，根据评价结果调整教学内容安排、目标确定和教学方式等，最终满足学生学习的发展需求。如此循环，才能在真正意义上实现教师的专业发展。

在实际教学评价中，教师还是习惯主宰一切。尤其在外部考试中更是如此，这种评价不仅是防学生的（保持考试的神秘性），更加是防教师的。在外部评价中，他们只能作为评价信息运用后果的承担者，可能会得到一些信息，如分数、名次，却无法运用，或者因为在过了很久以后才得到这些信息，失去了这些信息的时效性。我们已经从前面的相关内容中明确良好的课堂评价具有巨大的促进学习的潜力，这种潜力是通过学生运用评价信息来调整学习以及教师运用评价信息调整教学来实现的。不过，需要指出的是，这里所说的"学习"是与学习目标直接相关的学习。教师设定教学目标，也就是提出关于学生在学习之后应知和能做的期望；基于这种期望，学生能够设定自己的学习目标。评价就是要回答学生实际的学习状况与目标状况之间的差距在哪里，进而让学生通过自己的调整改进学习，更好地实现目标。良好

---

① 夏心军.学生参与课堂教学述评［J］.基础教育参考，2011(11)：30-33.

的课堂评价甚至能直接促进学习，有可能成为学生的学习过程。如果学生积极投入评价过程，而评价本身设计良好，学生就有可能在评价中去探索、解决以前从未解决过的问题。此时，学习就在评价过程中发生了。当然，这种学习情况不会自动发生，而是需要培养。表6-7是在实践中使用过且有一定效果的工具。

表6-7　学生参与评价表

维　度	指　标	自我评价	小组评价	教师评价
学习自理	学习内容的自我理解和掌握的程度 自主探究、发现学习的能力 学习方法的应用			
学习交流	能清楚、有目的地与同伴或教师交流 能与他人一起确立目标和实现目标 能解决分歧和知识冲突问题			
提问能力	提问题的次数 所提问题的质量 对疑难问题及观点的陈述			
问题解决	解决策略的多样化 解题思路和过程的条理性、清晰度			
学习过程	参与学习的热情 对学习过程的关注程度 对任务的自觉性和清晰性			
结果分析	完成作业的质量、时间和态度 预习和复习功课的主动性 测验的成绩分析			

三、需要学校层面系统地做出改进

实现促进学习的教学评价在学校当中落地生根，需要学生的评价能力、教师的评价能力、学校的评价领导能力以及其他保障等形成一个整体。平衡的评价系统会确保特定的评价达到特定的目的，并且评价会被用来持续地改进学生的学习。联系教学目标通过运用高质量的评价信息搜集、分析和交流手段来促进学生的学习，所有学生将能够展示他们所知道的和能做的东西。这里需要我们系统回答一再提到的三个问题：你想去哪里？现在你在哪里？

你怎样来消除差距?

我们的学校要形成一个均衡的、高质量的促进学习的评价系统,在制定行动改进计划的时候应把握以下五方面的内容 [1]:

第一,清晰的目标。

同一目标在年级之间和科目之间是否相互联系?

任课教师是否明确掌握教学目标,并且确保学生知道和掌握相应的学习目标?

第二,用途和用户。

什么是我们最近的关于学生成就的信息来源?

什么信息是我们需要的但没有获得的?

我们有没有提供所有用户需要的信息?

我们有没有平衡课堂考试与标准化考试?

我们是否考虑和定义了所有评价的目的?

我们是否知道如何避免评价信息的误用?

第三,评价知识。

我们有没有分析教学人员、管理者和当地社区的评价知识?

课堂评价是否与州或学区的标准一致?

我们具备评价知识吗? 如果不具备,那么在需要的时候我们有何计划去发展评价知识?

第四,交流。

我们是否有效地交流了学生成就的信息?

在这样看来,我们的等级评定是有所帮助还是阻碍?

我们是否运用系统的方法报告学生的进步,是否遵守包括多种交流方法在内的有效交流的原则?

第五,政策。

影响学生学习最大的做法是以何种政策为引导的?

我们有什么政策支持质性评价,包括公平和道德的做法?

---

① S. Chappuis, C. Commedore, & R. Stiggins. Assessment Balance and Quality: An Action Guide for School Leaders [M]. Pearson Education, 2010:209.

　　我们的政策是否作为一个整体以驱动与学生评价有关的良好行动?

　　为回答以上这些以及相似的过程问题，学校管理团队应该开诚布公地与参与改革计划的教师、学生等人员和保障人员等进行全面沟通。还需要建立一个简单的报告系统，通过为项目实施过程提供具体的过程信息，不断进行总结和调整。

参考文献

［1］柏拉图.理想国［M］.吴献书，译.上海：生活·读书·新知三联书店，2009：20.

［2］孟昭兰.普通心理学［M］.北京：北京大学出版社，1994.

［3］林崇德.心理学大辞典（上卷）［M］.上海：上海教育出版社，2003.

［4］U NEISSER. Cognitive Psychology［M］. New York: Appleton Century Crofts, 1967.

［5］A NEWELL. Physical Symbol System. In D. A. Norman（ed.），Perspectives on Cognitive Science［M］. New Jersey: Ablex Publishing Corporation, 1981.

［6］朱式庆.教育技术学［M］.合肥：中国科学技术大学出版社，2009.

［7］曹燕南.认知学习理论［M］.郑州：河南教育出版社，1991.

［8］盛群力.21世纪教育目标新分类［M］.杭州：浙江教育出版社，2008.

［9］F Paas, J SWELLER. An Evolutionary upgrade of cognitive load theory: Using the human motor system and collaboration to support the learning of complex cognitive tasks［J］. Educational Psychology Review, 2012（24）：27-45.

［10］迟艳杰.我国基础教育课程改革的知识基础之反思［J］.教育科学研究，2011（5）：22-25.

［11］石中英.知识转型与教育改革［M］.北京：教育科学出版社，2011.

［12］任中印.西方近代教育论著选［M］.北京：人民教育出版社，2001.

［13］阿普尔.意识形态与课程［M］.黄忠敬，译.上海：华东师范大学出版社，2001.

［14］多尔，后现代课程观［M］.王红宇，译.北京：教育科学出版社，2000.

［15］珀金斯，为未知而教，为未来而学［M］.杨彦捷，译.杭州：浙江大

学出版社，2015.

［16］罗洁.信息技术带动学习革命［J］.中国电化教育，2014(1)：15-22.

［17］金忠明.教师教育的历史、理论与实践［M］.上海：上海教育出版社，2008.

［18］毛礼锐.中国教育史［M］.北京：人民教育出版社，1979.

［19］陈建宗.教师职业学［M］.郑州：河南人民出版社，2004.

［20］RALPH FESSLER. Understanding and Guiding in Professional Development of Teachers［M］. Longman, 1992.

［21］L G KATZ, J D RATHS. Advances in Teacher Education［M］. Ablex Publishing Co, 1986.

［22］D C BERLINER. Learning about and learning from expert teachers［J］. International Journal of Educational Research, 2001(5)：463-482.

［23］叶澜.教师角色与教师发展新探［M］.北京：教育科学出版社，2001.

［24］钟祖荣，张莉娜.教师专业发展阶段的调查研究及其对职后教师教育的启示［J］.教师教育研究，2012(6)：20-25.

［25］教育部.中学教师专业标准(试行)［EB/OL］.http://www.moe. gov.cn/srcsite/A10/s6991/201209/t20120913_145603.html.

［26］A LEWY. Postmodernism in the Field of Achievement Testing［J］. Studies in Educational Evaluation, 1996(3)：223-228.

［27］E G Cuba, Y. S. LINCOHN. Fourth Generation Evaluation［M］. Sage, 1989.

［28］R W TYLER. The Five Most Significant Curriculum Events in the Twentieth Century［M］. Educational Leadership, 1987.

［29］W JAMES POPHAM. Classroom Assessment: What Teachers Need to Know (3rd Edition)［M］. Allyn & Bacon, 2002.

［30］王少非.教师评价素养的现状、框架及发展建议［J］.人民教育，2008(8)：31-35.

［31］郑东辉.教师评价素养提升建议［J］.人民教育，2017(15-16)：32-37.

［32］李妍霖.教师评价素养的结构探析［J］.基础教育研究，2017(19)：11-16.

［33］W. J. Popham. Assessment literacy overlooked: A teacher educators confession ［J］. The Teacher Educator, 2011(46): 265-273.

［34］R .J. Stiggins. Assessment literacy ［J］. Phi Delta Kappan, 1991 (72): 534-539.

［35］余闻婧, 吴刚平. 教师教学评价素养的形态及其意义［J］. 全球教育展望, 2014(11): 52-59.

［36］周文叶, 周舒琪. 教师评价素养: 教师专业标准比较的视角［J］. 比较教育研究, 2013(9): 62-69.

［37］W. James Popham. The Truth About Testing: an Educators Call for to Action ［M］. The Association for Supervision and Curriculum Development, 2001: Chapter 1.

［38］李聪明. 教育评价的由来. 见瞿葆奎主编. 教育学文集——教育评价［M］. 北京: 人民教育出版社, 1989.

［39］张冀生. 两种考试理论的适用性比较［J］. 中国电大教育, 1993 (3): 22-26.

［40］康宏. 从规范认识的视角反思高等教育评价的价值［J］. 江苏高教, 2011(6): 18-20.

［41］R. WOOD. Assessment for learning, In: Little, A.& A. Wolf (eds.) Assessment in Transition: learning, monitoring and selection in international perspective ［M］. Pergamon.1996.

［42］H. BERLAK. The need for a new science of assessment, In: Berlak, H., et al, Toward a New Science of Educational Testing and Assessment ［M］. New York: State University of New York Press, 1992.

［43］王少非. 教育评价范式转换中的教师评价素养框架［J］. 教师教育研究, 2009(2): 64-69.

［44］RICK STIGGINS. From Formative Assessment to Assessment FOR Learning: A Path to Success in Standards-Based Schools ［J］. Phi Delta Kappan, Vol.87, No.04, December 2005, pp.324-328.

［45］Stephen Chappuis, etl. Assessment for Learning: an Action guild for School Leaders ［M］. The Assessment training Institute, Portland, 2005.

[46] P. Black & D. William. Inside the Black Box: Raising the Standards Through Classroom Assessment [J]. Phi Delta Kappan, 1998 (2): 139-148.

[47] Stephen Chappuis, etl. Assessment for Learning: an Action guild for School Leaders. The Assessment training Institute, Portland, 2005.

[48] Mark J Gierl, Syed Latifi, Hollis Lai etl. Automated essay scoring and the future of educational assessment in medical education [J]. Medical Education.2014(48): 950-962.

[49] Page E.B. The imminence of grading essay by computer [J]. Phi Delta Kappan 1966(47): 238-243.

[50] Shifei Ding, Weikuan Jia, Chunyang Su, Fengxiang Jin and Zhouzhi Shi, A survey on statistical pattern feature extraction [M]. Huang etal. Eds, ICIC2008, LNAI5227, 2008: 701-708.

[51] Genton, Marc G. Classes of Kernels for Machine Learning: A Statistics Perspective [J]. Journal of Machine Learning Research, 2001(2): 299-312.

[52] Manning, Christopher D., Prabhakar Raghavan, and Hinrich Schütze. Nonlinear SVMs. The Stanford NLP (Natural Language Processing Group [EB/OL]. http: //nlp.stanford.edu/IR-book/html/htmledition/nonlinear-svms-1.html.

[53] Swiniarshi R. W., Skowron A. Rough set methods in feature selection and recognition [J]. Pattern Recognition Letters, 2003(6): 833-849.

[54] Mark J Gierl, Syed Latifi, Hollis Lai etl. Automated essay scoring and the future of educational assessment in medical education [J]. Medical Education.2014(48): 950-962.

[55] SherViera A J, Garrett J Mmis MD, Burstein J, Higgins D, Zechner K. Automated essay scoring: assessment and instruction [M]. In: McGaw B, Baker E, Peterson P, eds. International encyclopedia of education, Vol 4. Oxford: Elsevier Viera A. J., Garrett J. M., 2010: 20-26.

[56] Viera A. J., Garrett J. M., Understanding inter-observer agreement: the Kappa statistic [J]. Fam Med, 2005(37): 360-363.

［57］Page E.B, Petersen N. S. The computer moves into essay grading: updating the ancient test［J］. Phi Delta Kappan 1995(48)：238-243.

［58］Shermis M. D, Burstein J, Higgins D, Zechner K. Automated essay scoring: assessment and instruction［M］. In: McGaw B, Baker E, Peterson P, eds. International encyclopedia of education, Vol 4. Oxford: Elsevier, 2010：20-26.

［59］Schmeiser C. B., Welch C. J. Test development［M］. In: Brennan R. L., ed. Educational Measurement, 4th edn. Washington, DC: American Council on Education, 2006; 471-516.

［60］Bynjolfsson F., McAfee A. The Second machine age: work, progress, and prosperity in a time of brilliant technologies. New York, NY: Norton 2013.

［61］崔允漷.促进学习：学业评价的新范式［J］.教育科学研究，2010(3)：11-16.

［62］朱慕菊.走进新课程：与课程实施者对话［M］.北京：北京师范大学出版社，2002.

［63］中华人民共和国教育部制定.历史与社会课程标准（二）［M］.北京：北京师范大学出版社，2001.

［64］Lynn Clark. The Standards Just a Cliek Away［EB/OL］.http://www.findartiele.eomlef-dlslm

［65］从立新，章燕.澳大利亚课程标准［M］.北京：人民教育出版社，2005.

［66］Grete Houston and Jeannie Oaks. Opportunity to Examination and Conception of Education Equality［J］. Educational Evaluation and Policy Analysis, 1995(17)：323-336.

［67］朱伟强，崔允漷.分解课程标准需要关注的几个技术问题［J］.当代教育科学，2010(24)：11-15.

［68］雷新勇.大规模教育考试：命题与评价［M］.上海：华东师范大学出版社，2007.

［69］Montana Standards for Mathematics［EB/OL］.http://opi.mt.gov/pdf/Standards/ContStds-Math.pdf.

［70］B. E. Walvoord & V. J. Anderson. Effective Grading: A Tool for Learning and Assessment［M］. Jossey-Bass, 1998: 151.

［71］Eva L. Baker. Empirically Determining the Instructional Sensitivity of an Accountability Test［M］. UCLA/CRESST Report. 2009: 3.

［72］N. L. Webb. Alignment of science and mathematics standards and assessments in four states. Council of chief stares school officers［M］. Washington, DC: National Institute for Science Education（NISE）Pubilcations, 1999: 1-43.

［73］Marsha Ing. Using instructional sensitivity and instructional opportunities to interpret students' Mathematics perforamance［J］. Journal of Educational Research & Policy Studies, 2008(1): 23-39.

［74］JCSEE.Classroom Assessment Standards: Sound Assessment Practices for K–12 Teachers. http: //www.teach.purdue.edu/pcc/DOCS/Minutes/12-15_Handouts/2013-01-16/JCSSE_Assessment_Standards.pdf.

［75］M. E.Martinez. Cognition and the question of test item format［J］. Educational Psychologist, 1999(34): 207-218.

［76］Richard J. Stiggins. 促进教师专业发展与学生成长的评价研究项目组译. 促进学习的学生参与式课堂评价［M］.北京: 中国轻工业出版社, 2005.

［77］Thomas M. Haladyna. How Many Options is Enough for a Multiple-Choice Test Item［J］. Educational and Psychological Measurement, August 1, 1998(4): 605 - 611.

［78］Kathleen B. Comfort. Mark Wilson. Research in Standards-based Science Assessment［M］. San Francisco, CA, WestEd, 2005.

［79］Robert L. Linn & Norman E. Gronlund. Measurement and Assessment in teaching［M］. Inc: Prentice-Hall, 2000: 68.

［80］R.J.Stiggins. Student Learning Assessment［J］. Prentice Hall, 2005 (4): 69.30-33.

［81］S. Chappuis, C. Commedore, & R. Stiggins. Assessment Balance and Quality: An Action Guide for School Leaders［M］. Pearson Education, 2010: 209.

［82］丁梅娟. 小学教师评价素养状况: 来自 S 市的报告［J］. 基础教育论坛,

2016(35)：6-10.

［83］徐晓虹，董一.义务教育段教师的学生评价素养情况调研报告——基于宁波市海曙区的实证分析［J］.中小学教师培训，2018(3)：24-28.

［84］南纪稳.教师评价素养的现状、问题与提升策略［J］.教师教育论坛，2016(6)：21-15.

［85］赵士果.小学教师课堂评价素养的现状研究［J］.上海教育科研，2020(8)：53-59.

［86］郑东辉.中小学教师评价素养状况：来自 Z 省的报告［J］.全球教育展望，2010(2)：31-42.

［87］陈玉华.新课程的推进急需教师评价素养的跟进［J］.内蒙古师范大学学报(教育科学版)，2010(12)：32-34.

［88］杨国海.教师评价素养的内涵及框架［J］.当代教育科学，2011 (4)：17-19.

［89］夏雪梅.提升教师评价素养的两种行动框架［J］.基础教育课程，2008(11)：50—54.

［90］邓亮，李媛.教师评价素养问题的反思与展望［J］.教育导刊，2015(7)：9-12.

［91］刘昕.美国教师评价素养发展的策略与启示［J］.语言教育，2018(1)：7-11.

［92］EAL Teachers Tools to Enhance Assessment Literacy.［EB/OL］.http://teal.global2.vic.edu.au/eal-teachers/.

［93］范连众，赵娜，孔凡哲.澳大利亚教师评价素养发展项目的内容、特点与启示［J］.现代教育管理，2019(3)：69-74.

［94］Paul Black，Chris Harrison，Clare Lee & Bethan Marshall, Dylan Wiliam. Assessment For Learning: Putting it into Practice［M］.McGraw Hill Education，2003.

［95］吴康宁.教师：一种悖论性的社会角色——兼答郭兴举同志的"商榷"［J］.教育研究与实验，2003(4)：1-8.

［96］夏心军.学生参与课堂教学述评［J］.基础教育参考，2011 (11)：30-33.

［97］Stephen Chappuis, etl. Assessment for Learning: A Action Guild for School Leaders ［M］. The Assessment and Training Institution, Portland, 2005: 28.

［98］王少非. 促进学习的课堂评价［M］. 上海：华东师范大学出版社，2018.

［99］Jan Chappuis, Stephen Chappuis. Uderstanding School Assessment ［M］. Assessment Training Institute, Poterland, OR: 2002: 17-18.

［100］汪贤泽. 基于标准的评价信息处理与报告：以加州 STAR 项目为例 ［J］. 世界教育信息，2008(12): 39-42.

［101］Stephen Chappuis, etl. Assessment for Learning: A Action Guild for School Leaders. The Assessment and Training Institution. Portland, 2005: 19-21.

［102］R.J.stiggins, J.Arter, J.Chappuis & S.Chappuis. Students Learning in Classroom Assessment: Do It Right and Use It Well ［M］. The Association of Assessment Training, 2004: 27.

［103］王少非. 我国教师评价素养现状及归因分析［J］. 当代教育科学，2008(12): 3-7.

［104］陈玉华，咸富莲. 中小学教师评价素养现状调查与分析——宁夏回族自治区 7 个样本市 (县) 为例［J］. 教学与管理，2011(9): 37-40.

附录一　小学数学课堂提问有效性的研究：
基于一堂公开课的案例分析 [①]

一、引言

(一) 研究背景

课堂提问是小学数学课堂教师常用的教学手段之一，对于启迪学生思维、巩固知识、反馈教学信息起着关键作用。追溯到春秋战国年间，教育家孔子就曾经认为教学要用启发性的提问，提出教导学生要循循善诱，让学生从多角度去探索真知。《学记》中也记载了比较系统的有关"善待问""善问"的经验表述。在西方，著名哲学家苏格拉底最早使用提问法教学，他认为最好的教学就要把存在于学生内心的知识引导出来，变为学生的实际技能与知识。所以一个好的提问就像接生婆，能帮助新思想更好地诞生。因此，提问堪称历史最为古老的教学形式，对教育有着不可估量的作用。

在如今的教学中，课堂提问的现状却令人堪忧。如有些教师的提问没有针对性，使得学生经常摸不着头脑，教学效果不佳；问题水平偏低，大多数提问只是围绕知识记忆类的问题，缺少深度，由此使学生养成不愿动脑的坏习惯，使他们的思维能力得不到良好的发展；候答时间不充分，学生还没思考好答案就已经校对完了；问题缺乏科学的设计，使得提问流于形式；教师对学生的回答敷衍了事；等等。

---

① 为了能更好地理解教师在实践中是如何认识和提升自己的评价能力，我们选取了两个由本书作者指导的小学教师的实践研究案例来进行分享。本案例由李海霞老师提供，在此表示感谢。

因此，深入研究小学数学课堂提问的有效性，可以激发学生的学习兴趣，开拓学生思维，利于师生的双边活动，从而达到最佳的教学效果。

(二) 研究的限定

小学数学课堂有效性提问是指在小学数学课堂教学中，教师根据教学目标和内容，精心设计问题情境，使小学数学课堂提问有计划性、针对性、启发性，激发小学生数学学习兴趣，培养学生创造性思维的提问。反之，凡是与数学教学内容无关的，没有针对性的，不能启发学生数学思考的问题都不能称为有效的课堂提问。本研究将重点剖析一个小学数学课堂的教学实录，分阶段分析课堂上每个提问的目的、类型及问答方式，进而分析每个提问对落实教学目标所起的作用。从不同角度探究当前小学数学课堂教学提问的现状及问题，并由此提出一些提高小学数学课堂教学提问有效性的策略，为教师们尤其是一些刚步入这一新行业的教师提供一些教学参考和借鉴，使得他们的课堂能更好地提高学生的思维能力，诱导更多学生参与应答，促进师生间、生生间的交流合作，提高数学课堂的效率。

二、小学数学课堂提问的有效性课例分析

本研究以一堂公开课"倍的认识"为例，从激趣导入、新知传授、练习巩固、课堂小结四部分来分析课堂上每个提问的目的、类型及问答方式，进而分析每个提问对落实教学目标所起的作用。如附表1所示。

附表1　"倍的认识"教学目标

课题	倍的认识
时间	2018 年 12 月 15 日
授课老师	H 老师
授课对象	小学三年级四班
教学目标	1. 在具体情景中了解"几个几"与"几倍"的关系，初步感受什么是"倍" 2. 在观察、变化、对比、抽象中，进一步理解"倍"的概念，把握"倍"的本质，即"一个数是另一个数的几倍"就是"一个数里有几个另一个数"，建构倍的直观模型，渗透正比例和反比例思想 3. 培养学生观察、操作、迁移及语言沟通能力，激发学生的数学兴趣，培养学生良好的数学学习习惯

课题	倍的认识			
教学重点	初步理解"倍"的概念，知道什么是"倍"			
教学难点	建立"倍"的概念，理解"倍"的含义			

（一）课堂提问概况

"倍的认识"是人教版数学三年级上册第五单元的一个内容。"倍"是小学数学中的一个抽象概念，也是一个非常重要的概念。学生在理解表内乘除法和乘除法意义的基础上学习。它是进一步学习乘法、分数、比例等知识的基础。在这堂新授课上，黄老师共提出问题40个。附表2是详细的提问类型分析。

附表2　"倍的认识"课堂提问类型分析

提问类型	要　求	类别	数量	比例
认知水平	需要学生说出最基本的知识点和概念，不用思考	A	25	59.5%
理解水平	需要学生理解学习内容的含义	B	7	16.7%
运用水平	需要学生把学习到的新知识运用到新的情境中	C	6	14.3%
分析水平	需要学生掌握学习材料的前因后果及相互之间的联系	D	2	9.5%
综合水平	可使学生将所学知识用一种新的方法重组，形成新的知识框架	E	0	0
评价水平	使学生用某一标准做判断	F	0	0

在国外各种各样的提问模式中，较有影响力的为布鲁姆—特内的提问模式，其把课堂提问分成知识水平、理解水平、应用水平、分析水平、综合水平和评价水平。这六个水平由低到高，与学生各层次的思维活动紧密相联。依据布鲁姆的提问模式，我将教师的40个课堂提问进行了分类整理。其中，62.5%为认知水平的提问，17.5%为理解水平的提问，15%为运用水平的提问，5%为分析水平的提问，没有综合水平及评价水平的问题。

认知水平是认知学习的最低水平，是一些最基本的知识点和概念。通过对数据的比较，我发现这一水平的问题占到59.5%。在"倍的认识"这堂课中，学生不仅要理解一个数是另一个数几倍的意义，更要培养观察、操作、迁移及语言沟通能力，但是这样高频率低层次的提问却很难使学生得到思维上的拓展。其次，应用与综合水平的提问比例太低。数学本质上和生活息息相关，所有的知识学习都是为了在生活实际中更好地运用出来，所以教师的课堂应多和生活实际相联系。现代的学生观要求学生成为课堂的主体，自己去探索发现一些数学规律及奥秘，而教师应成为课堂的主导，灵活机动，随时根据学生的反馈调整课堂教学。

(二) 分段提问分析

1. 激趣导入部分

如何使导入更具有吸引力，是所有教师共同关注的话题。俗话说"好的开始是成功的一半"，数学教学也是这样。有趣的导入可以引起学生的注意，激发他们探索的欲望，激发他们的好奇心，产生学习动机。附表3为"倍的认识"激趣导入部分课堂提问的分析。

附表3　"倍的认识"激趣导入部分课堂提问分析

提问环节	课堂提问	问答方式	提问目的	提问类型
激趣导入	1. 孩子们，你们知道小白兔最爱吃什么吗?	群体	引入新知	A
	2. 你能从图中找到哪些有关萝卜的数学信息?	个人	引入新知	A
	3. 黑板上有这么多关于萝卜的数学信息，这节课我们就从研究萝卜的数量关系开始，研究数学问题。那我们这样直接研究怎么样?	群体	引出疑点	A
	4. 那我们要先怎么办?	个人	复习分类整理	A
	5. 谁愿意上台摆一摆?	个人	师生互动	A
	6. 现在你能快速地找到，它们的数量之间存在怎样的关系吗?	个人	引出倍比问题	A
	7. 还有补充吗?	群体	无意义	A

在"倍的认识"的激趣导入部分，教师成功吸引了学生们的注意力。"同学们，你们知道小白兔最爱吃什么吗?""你能从图中找到哪些有关萝卜的数学信息?"黑板上的教学用具——萝卜，一下子把学生带入教学情境中。继

而教师抛出疑问"那我们直接研究怎么样？"让学生感受到分类整理的重要性。最后教师要求学生找到萝卜数量之间的关系，用旧的差比问题引入新的倍比问题，导入新课——倍的认识。

在提问类型上，这一部分教师的提问全属于认知水平。通过复习分类整理和差比问题来引入"倍的认识"，这种"以旧引新"的方法往往涉及认知水平的问题，但像"还有补充吗？"这种问题难免给人产生赘余感。当提出"它们的数量之间存在怎样的关系吗？"学生自然会积极发言，教师没必要做一些无意义的询问。

在问答方式上，大部分是学生举手个别回答。学生在之前就已经掌握比较两个数量相差多少的问题，所以对于他们而言回答难度较低，适合独立作答。学生之间相互补充，自然地巩固了差比问题。

导入是一堂课的开端，教师在设置情境的时候应尽可能地选择新颖有趣而又贴近学生生活的东西，激发学生的学习兴趣，课堂效果也会达到最佳的状态。

2. 新知传授部分

新知传授部分是一堂课的核心环节，也是教学的重中之重。"倍的认识"这堂课要求学生理解一个数是另一个数几倍的意义，知道什么是"倍"。附表4为"倍的认识"新知传授部分课堂提问的分析。

附表4 "倍的认识"新知传授部分课堂提问分析

提问环节	课堂提问	问答方式	提问目的	提问类型
新知传授	1. 红萝卜和胡萝卜比，我们把2根胡萝卜看作一份，圈起来。那么红萝卜有几个2根呢？	个别	引出新知	A
	2. 我想问问同学们，只看这句话里你能看出谁在和谁比？	群体	引出新知	A
	3. 把谁的根数看作一份，作为标准量的？	个别	引起学生思考	D
	4. 谁是谁的几倍？	个别	追问	D
	5. 刚才我们用了什么方法知道红萝卜的根数是胡萝卜的3倍的？	个别	小结	B

提问环节	课堂提问	问答方式	提问目的	提问类型
新知传授	6. 那你们能不能用同样的方法找到白萝卜根数和胡萝卜根数之间的存在怎样的倍数关系呢？	个别	简单运用新知	C
	7. 同学们都看黑板上的圈法，你们同意吗？	群体	无意义	A
	8. 那白萝卜和胡萝卜比，白萝卜有几个2根？	群体	理解概念	A
	9. 谁能像刚才那样完整地说一说？	个别	理解概念	C
	10. 谁来说一说只从这句话里我们可以看出谁在和谁比？	个别	帮助学生分析"倍"的关系	A
	11. 把谁看成一份？	个别	帮助学生分析"倍"的关系	A
	12. 谁是谁的几倍？	个别	帮助学生分析"倍"的关系	B
	13. 我们在两种萝卜数量比较的时候，都用到了一个什么字？	群体	再次强调倍	A
	14. 谁能说说我们是怎样认识倍的？	个别	理解什么是倍	B
	15. 看，现在白萝卜的根数是胡萝卜的几倍？	群体	设疑	A
	16. 你是怎么想的？	个别	询问原因	B
	17. 如果胡萝卜还是2根，白萝卜有20个2根呢？	群体	变式设疑	A
	18. 50个2根呢？	群体	变式设疑	A
	19. 1000个2根呢？	群体	变式设疑	A
	20. 你有什么发现？	个别	引导学生总结	D
	21. 孩子们，现在小灰兔又拿来了一根胡萝卜，现在红萝卜的根数是胡萝卜的几倍？	群体	抛出疑问	A
	22. 你是怎么想的？	个别	追问	A
	23. 都是6根红萝卜和胡萝卜比较，怎么一会儿是2倍，一会儿又3倍呢？	个别	引导学生思考，进一步理解"倍"的含义	D

在"倍的认识"的新知传授部分，教师不是直接点出什么是"倍"，而

是通过提出"红萝卜几个2根呢""把谁的根数看作一份,作为标准量的"等问题让学生去慢慢分析其中的倍数关系。在比较完红萝卜和胡萝卜后,教师便直接要求学生运用出来,去分析白萝卜与胡萝卜的倍数关系,不免节奏过快,难度较大。"倍"的概念在此时对于大部分孩子还是比较模糊的,所以能够答出此问的学生数量较少,这个问题也便失去了意义。倘若教师在讲解完红萝卜和胡萝卜的倍数关系后,先提问类似"谁能像老师刚才那样完整说一说"的问题让学生加深对"倍"的印象,那么之后这一应用性的问题效果会更好。

在讲解完两个例题后,教师继而提问:"谁能说说我们是怎样认识倍的?"适当进行了一个课堂小结。在新知传授的后半部分,教师不断改变两个比较量的数量,让学生在"变化"中进一步认识倍。教师先是改变白萝卜的数量,"如果胡萝卜还是2根,白萝卜有20个2根呢?""50个2根呢?""1000个2根呢?",一连串的追问让学生自然地去发现"有几个2根就是几倍"。得出这一规律后,教师继而改变胡萝卜的根数,让学生发现标准量的重要性。

这部分的课堂提问,在教学目标上,要求学生在观察、变化、对比和抽象中理解"倍"的概念。围绕这一教学目标,教师设置重重阻碍,并提出了一系列问题:"刚才我们用了什么方法知道红萝卜的根数是胡萝卜的3倍的?""白萝卜根数和胡萝卜根数之间存在怎样的倍数关系呢?""都是6根红萝卜和胡萝卜比较,怎么一会儿是2倍,一会儿又3倍呢?"学生一步一步地冲破堡垒,最后总结出什么是"倍"。教师提问的层次和逻辑在一定程度上比较强。

在提问类型上,课堂提问类型汇总为"AADDBCAACAABABABAAADAAD"。总的来说,问题的类型有很大的波动和跨度,但在小的环节中,它们可以逐渐从浅到深,从易到难。

3. 练习巩固部分

课堂练习是数学课不可缺少的一部分,有效的练习能帮助学生更好地巩固新知。附表5为"倍的认识"练习巩固部分课堂提问的分析。

附表4 "倍的认识"练习巩固部分课堂提问分析

提问环节	课堂提问	问答方式	提问目的	提问类型
练习巩固	1. 刚才我们从萝卜的数量中找到了倍，其实在我们的生活中还有许多地方也藏着倍。孩子们敢不敢和老师一起去找一找？	群体	无意义	A
	2. 现在老师把它排一排，老师这样排有什么规律？	个别	引发思考	A
	3. 那老师减少一组，现在谁是谁的几倍？	个别	渗透比例思想	C
	4. 请看，你能摆出第二行小棒是第一行的4倍吗？	个别	题干无须提问	A
	5. 现在老师把它拿掉，你会摆了吗？	群体	追问	C
	6. 谁愿意把你们摆的展示给大家？	个别	展示摆法	C
	7. 看到了吗？	群体	指向不明	A
	8. 你不摆能算出第二行摆多少根小棒吗？	个别	反问	B
	9. 怎样算的？	个别	追问	C
	10. 现在你还能找到倍吗？	个别	题干无须提问	B
	11. 谁愿意说一说你怎么涂的？	个别	解释原因	B

练习部分教师设计了"我会说，我会摆，我会涂"环节。既有对一个数是另一个数的几倍的巩固练习，又提及下节课一个数的几倍是多少的问题。从基础到发展，从提高到拓展，题目难度逐渐加大。通过对表中提问类型的分析，理解和应用水平占提问类型的一半多，说明教师更注重对知识的理解及其在生活中的运用。

做习题时，老师好像有为学生读题的不良习惯。"你能摆出第二行小棒是第一行的4倍吗？""现在你还能找到倍吗？"这些都已在题干中。事实上，教师不必反复提问。三年级学生的思维正在向抽象思维过渡，他们可以在理解题干含义的基础上发现问题，增强自身的独立性。

在提问目的上，类似"看到了吗？"这样的提问是很不明确的。学生不明白到底是看到小棒了，还是看到同学的演示，所以显得比较茫然。因此教师在此时如果明确提问"你看清他的摆法了吗？"效果会更好。

4. 课堂小结部分

课堂小结作为一堂课的最后环节，可以有效地帮助学生理清知识脉络，架构知识体系。表5为"倍的认识"课堂小结部分课堂提问的分析。

表5 "倍的认识"课堂小结部分课堂提问分析

提问环节	课堂提问	问答方式	提问目的	提问类型
课堂小结	今天这节课我们是怎样认识倍的？	群体	全课小结	A

在课堂小结部分，教师提出了一个开放性的问题，让学生自己去归纳总结这堂课所有有关"倍"的知识点，给学生充分的自主性。如果再提出一个类似"关于'倍'你还有哪些疑问或问题吗？"的问题，相信这堂课的内容会更加丰富。

三、小学数学课堂提问有效性的问题

通过对以上公开课的案例分析，我们准备将从提问指向不明、提问难度过大、提问数量较多、提问水平较低、提问评价低效五方面进行阐述。

(一) 提问指向不明

部分教师因为课前准备没有到位，所提的问题往往有很大的随意性。提问指向不明，使得学生一脸茫然，不知从何答起。这样的问题不仅使学生的思维受到干扰，而且浪费师生的时间。例如在本课"倍的认识"中的教学片段：

师：谁愿意把你们摆的展示给大家？

生1：第一行摆5根，第二行摆4个5根。(用小棒摆)

师：看到了吗？(学生无应答)

师(尴尬)：用摆一摆的方法我们也可以发现两个量之间的倍数关系。

此时教师这样的提问是很不明确的。学生不明白到底是看到小棒了呢还是看到同学的演示，所以显得比较茫然。因此教师在此时如果明确提问"你看清他的摆法了吗？"提问效果会更好。

（二）提问难度过大

在课堂上，学生对教学内容的理解很大程度上取决于他们的经验水平、现有知识和现有能力。倘若课堂提问过难，学生仔细思考也无法回答，那么他们的学习积极性和学习兴趣一定会受到不好的影响。因此如何依据教学目标正确把握课堂提问的难度值得教师们深思。例如在本课"倍的认识"中的教学片段：

师：刚才我们用了什么方法知道红萝卜的根数是胡萝卜的3倍的？

生1：圈一圈。把两个胡萝卜看成一份，红萝卜有这样的三份就是三倍。

师：那你们能不能也用同样的方法找到白萝卜根数和胡萝卜根数之间存在怎样的倍数关系呢？（大部分学生比较茫然，不会寻找）

"倍"的概念在此时对于大部分的孩子还是比较模糊的，所以能够答出此问的学生数量较少，这个问题也便失去了意义。倘若教师在讲解完红萝卜和胡萝卜的倍数关系后，先提问类似"谁能像老师刚才那样完整说一说？"的问题让学生加深对"倍"的印象，知道用"几个几"描述，那么之后这一应用性问题的课堂效果会更好。

（三）提问数量较多

部分教师片面地认为课堂上要有良好的师生互动，就要多提问题。提问本身是为了帮助教师更好地落实教学目标，但这样频繁的一问一答却使学生处于一个被动的学习状态，缺少主体性。学生疲于应付，不仅使他们缺少对问题的思考时间，降低学习效率，还会大大打击其学习的积极性和兴趣。例如在本课"倍的认识"中，课堂提问多达42个，学生与教师的课堂互动几乎占课堂时间的80%，试想这样的课堂如何做到高效有序呢？

（四）提问水平较低

依据布鲁姆的提问模式可将课堂提问分为知识水平、理解水平、运用水平、分析水平、综合水平及评价水平。现阶段的小学数学课堂中，大部分的提问还停留在低层次的知识水平。例如在本课"倍的认识"中，62.5%为认知水平的提问，17.5%为理解水平的提问，15%为运用水平的提问，5%

为分析水平的提问，没有综合水平及评价水平的问题。课堂上低层次水平问题的数量很高，而能开拓思维的分析与综合水平的提问所占比例很小。这样的课堂现状不免会限制学生思维能力的发展，使他们养成不爱动脑筋的坏习惯。

（五）提问评价低效

部分教师在课堂上对学生的评价模糊，让学生摸不着头脑；或者在学生还没有充分思考时就将答案告知；或是用几个简单的"好""可以"就潦草结束评价；或者只是点出学生回答的不足之处却没有给予相应的启发；更有甚者直接不评价，选择性地跳过。这些情况都是课堂提问反馈低效的体现。例如在本课"倍的认识"中的教学片段：

师：看，现在白萝卜的根数是胡萝卜的几倍？

生1：6倍。

师：你是怎么想的？

生：胡萝卜和白萝卜比，胡萝卜有2根，现在白萝卜有6个2根，所以白萝卜的根数是胡萝卜的6倍。

师：如果胡萝卜还是2根，白萝卜有20个2根呢？

生：20倍。

师：50个2根呢？

生：50倍。

师：1000个2根呢？

生：1000倍。

师：你发现了什么？

生：白萝卜有几个2根，白萝卜的根数就是胡萝卜的几倍！

此教学片段通过"变式"加深对倍的认识，标准量不变，不断改变比较量的数量，让学生在有趣的"变化"中进一步理解"几倍"与"几个几"的联系，建立倍的概念。在师生互动的过程中，教师忘记对回答进行反馈。这里教师接连提出六个问题，虽然学生的回答都是正确的，但是应有信息的反馈。如适时加入"说得真完整！掌声送给她！""你总结得真好！真是一个善于总结的孩子！""看来孩子们对于倍的知识有了更深刻的理解了！"等评价语会使课堂气氛更加活泼，调动学生学习的积极性及兴趣。

四、提高小学数学课堂提问有效性的策略

通过这个案例所反映出的小学数学课堂提出的问题，我们在这里从设计策略、实施策略、反思策略这三方面梳理提高小学数学课堂提问有效性的策略。

(一) 有效提问的设计策略

1. 提问要有层次性

有效的课堂提问要拓展学生思维。由于小学生的思维水平正从具体形象思维向抽象逻辑思维过渡，因此教师的提问应从浅到深，由易到难，一步步引导学生探究。此外，维果茨基的最近发展区理论尤为重要。如果问题设计得太简单，学生会逐渐失去思考和探索的能力；但如果问题太难，学生仔细思考都无法得到答案，自然也会降低学习积极性。所以教师的问题要比学生现实能力稍高点，才会取得最好的提问效果。

教师在课前设计提问的时候，应围绕教学目标先从浅层问题开始，再通过几个需要学生理解、推理、研究的问题，逐渐引导到高层问题。在这个过程中，教师还可以预备几个补充的问题或具有提示性的问题，学会灵活机动。

比如在本课"倍的认识"中，教师以什么是倍为铺垫，设计了四个主要问题：红萝卜的根数是胡萝卜的几倍？白萝卜的根数是胡萝卜的几倍？改变白萝卜的数量后，白萝卜的根数是胡萝卜的几倍？改变胡萝卜的数量后，红萝卜的根数是胡萝卜的几倍？这四个问题紧密相联，层层推进。只有解决完上一个问题，下一个问题才可能被解决。这样学生不断变换思考方式以解决问题，思维便得到拓展与提升。

2. 提问要有开放性

教师的课堂提问要开放，鼓励学生多方面多角度地去解决问题，有助于培养学生的创新思维。备课时教师可以准备一些开放式没有标准答案的问题，抑或是准备几道一题多解的练习，以此培养学生多角度研究问题的能力。

例如在本课"倍的认识"的导入部分，教师呈现情境图后直接问学生从中发现了萝卜的哪些数学信息。学生可从萝卜数量、颜色、几种萝卜间的差比问题及倍比问题等多角度来陈述，培养他们的求异思维。不足的是，在这堂课上并没有出现一题多解的问题，全是师生间的一问一答。我认为练习环节的摆一摆部分应这样设计：不呈现第一行的小棒数，直接让学生摆出第二行的小棒数是第一行的四倍。这样问题解决就具有多样性，学生的思维才能碰撞出火花。

（二）有效提问的实施策略

1. 提问要面向全体学生

教师的课堂提问要做到面向全体，根据每个学生的具体情况和问题的难易程度慎重选择回答对象。教师抛出一个问题后，不要直接点名回答，也不要依据学号按顺序回答，否则会使其余同学无法保持一种适度的紧张感。教师最好选择学习水平和这道题的难易程度相匹配的同学起来回答，这样既不会使害羞不敢举手的同学失去课堂回答的机会，又不会使学习成绩较差的学生难堪，打击积极性。

此外，教师还可以丰富回答的方式。对于一些需要操作探索研究的问题，教师可先让学生独立思考，然后花几分钟小组讨论，最后挑选几组汇报。这样不仅使课堂形式更加多样化，生生间也会有个互相促进的作用。例如在本课"倍的认识"的新知传授部分，教师提问"谁能说说我们是怎样认识倍的?"，这个是开放性且带有一定难度的问题，教师可让学生在独立思考的基础上以小组展开讨论，再派代表进行汇报，这样课堂上就会碰撞出更多的思维火花。

2. 提问的语言要具体生动

小学生的认知与理解能力较弱，因此教师提出的问题要具体通俗，严谨简洁，确保学生能够理解。此外为了激发学生的学习兴趣，教师的提问要贴近学生生活，选用学生感兴趣的教学材料。例如在本课"倍的认识"中，教师设计了一个兔子王国的情境，用几个萝卜数量之间的倍数关系贯穿始终，成功吸引了学生的注意力。

3. 提问后给学生充分的时间

教师抛出一个问题后，应留有充足的时间给学生思考。在这个等待的过程中，教师可以观察每个学生的状态从而挑选最佳回答对象，而每个学生都会聚精会神认真思考以免被叫答。在某个学生回答后，教师应留有一定的时间给学生思考及自己评价。

那怎样使候答策略更有效呢？首先我认为教师要让学生理解只有经过思考回答出的问题才是有价值的。其次，学生要知道教师会给自己充分的时间思考，并且在其他同学回答后自己方可进行补充。再者，教师的候答时间应由问题的难度水平来决定，题目越难，相应的等待时间就要越长。最后，当所有回答都结束后，教师需要留一定的时间给学生思考补充及自己评价。

4. 提问的评价策略

教师对于学生的课堂回答要有一个相应的积极评价来吸引学生的思考和注意。这个评价要具有创造性、多样性，根据不同的学生及情况而做出改变。外在的表扬是小学生学习动机的重要因素，所以教师要抓住这一特点，多鼓励和表扬学生，且语言要真诚富有针对性，而不是泛泛的"你真棒"等等。对于学生回答中精彩的地方，教师要及时进行强化。如"你的方法完美地解决了这个问题""你提出的这个问题很有价值，值得表扬"等评价都能帮助学生获得成就感。

有时候为了帮助学生进一步得到完善的答案，教师还可以适时追问。教师的追问可以引发质疑，引导学生思考更深层次的问题，让学生获得成就感，培养他们的综合能力。如在本课"倍的认识"中，教师多次追问，"把谁看作标准量？""谁是谁的几倍？"，帮助学生更好地去理解倍的概念。此外，教师要多鼓励学生自我评价及生生间互评，这样不仅让学生有个反思的过程，教师也在一定程度上减轻了评价的压力。如"你觉得刚刚他的方法可以吗？""你是怎么评价自己刚才的计算过程的？"。

(三) 有效提问的反思策略

教师只有学会及时反思自己的课堂提问，才能提高其提问的有效性。在教师方面，教师在课前可以反思自己的备课教案，课后反思教学札记，还可以用录音、录像等工具录下自己一堂课的教学实录，随后记录每个课堂提问，反思自己的优势与不足。在学生方面，教师可以通过学生的反馈情况来进行课堂提问反思。在外界方面，教师可以借鉴其他教师在反思课堂提问时的思路与逻辑。

五、结语

小学数学课堂提问对教学有着十分重要的作用，但是现今课堂提问的现状不容乐观，因此提高课堂提问的有效性刻不容缓。本文就一堂小学数学公开课的课堂提问中发现的问题提出了几点针对性的建议，但是要想真正实施这些建议还是存在一定困难，需要经过我们长期的实践与反思，才能不断完善，不断发展。

参考文献

［1］中华人民共和国教育部制定．义务教育数学课程标准［M］北京：北京师范大学出版社，2011.

［2］杨辉．六年级数学教师课堂教学提问——对一位资深教师和一位新入职教师的比较［D］．上海：上海师范大学，2014.

［3］王建．小学数学课堂提问有效性的研究［D］．天津：天津师范大学，2011.

［4］贾云玲．小学课堂提问的问题及对策研究［D］．辽宁：辽宁师范大学，2012.

［5］刘显国．课堂提问的艺术［M］．北京：中国林业出版社，2000.

［6］陈羚．国内外有关教师课堂提问的研究综述［J］．基础教育研究，2006(2)：56-61.

［7］薛爱建．让课堂提问成为开启学生思维的有效环节［J］．基础教育研究，2006(2)：34-40.

［8］顾泠沅．课堂教学的观察与研究［J］．上海教育，1999(5)：41-51.

［9］顾泠沅．寻找中间地带——从一堂几何课看数学教育改革行动［J］．上海教育科研，1999(10)：25-35.

［10］洪松舟，卢正芝．我国有效课堂提问研究十余年回顾与反思［J］．河北师范大学学报(教育科学版)，2008(12)：48-58.

[11] 明轩.提问：一个仍需深入研究的领域 [J].外国中小学教育，1999(4)：43-52.

[12] 肖锋.学会数学——课堂教学技能的理论与实践 [M].杭州：浙江大学出版社，2002.

[13] 罗超群.例谈小学数学课堂教师提问存在的问题及其改进策略 [J].科学大众，2015(7)：61-66.

[14] Elaine K. McEwan. 10 Traits of Highly Effective Teachers: how to hire，coach，and mentor successful Teachers [M].Sage Pubs，2001.

[15] Jennifer Dobson. 7 Characteristics of Highly-Effective Teachers [J].Reference and Education: Teaching. 2010(10)：61-68.

附录二 小学语文教师课堂提问的有效性研究 ①

一、引言

《基础教育课程改革纲要》(试行) 指出，注重实现思维能力、语言能力是小学素质教育阶段语文教学的要求。学生思考与分析问题的能力应在教学中锻炼与培育，把学生放入真实的问题情境中，通过观察、倾听、感受来全面强化学生思维能力。

什么是课堂提问？课堂提问是教师在上课时，根据教学目标、文本内容、学生学情等因素来设计课堂问题的一种教学方法。每一位教师都要运用课堂提问，每堂课都少不了课堂提问。但是，如何有效提问、有效提问的价值并没有被老师们很好地去探索、发现和重视。

如今，在课堂中教师的提问还存在一定的问题。例如：教师提出的问题过多过于简单，或者过难、生硬等等。这些都没有充分考虑到学生各个阶段的特点，不能做到合理的有效提问。

低段与高段学生特点有明显的差异：

小学生处于身心快速发展的阶段，低年级的学生充满好奇心与探索欲，不仅爱动也爱表达。在这个阶段，他们注意力不持久，容易分散，且独立性和自觉性较差，在生活、学习、活动等各个方面需要得到监督与指导。

小学高年级学生思维得到发展，开始发展抽象思维，不只关注表象；掌握了大多数概念性定理，可以把这些理念与脑子中的旧知识联系起来；他们

---

① 本案例由寿娉老师提供，在此表示感谢。

的兴趣心和创造意识日益浓厚。

所以，在设计课堂提问时要充分考虑所教学生的年龄、知识经验、思维特点等，对于低年级的学生可以利用课堂提问吸引他们的注意力，使他们更好地参与课堂；对于高年级的学生，教师的课堂提问可以程度更深，帮助学生在课堂中提高思维能力和问题解决能力。

基于此，本文把课堂实例作为起点，把获得提升有效提问的经验当作目的，希望把理论研究和实践研究结合起来，全面综合地分析提出有效提升小学语文教师课堂有效提问的策略，有效培养学生的思维能力、表达能力。

二、研究设计

(一) 研究方法

1. 文献研究法

本研究采用文献研究法，通过搜集文献资料对其进行分析和整理，最终形成对文献的科学、独特的认识。根据"小学语文""课堂提问"等主题，利用文献数据库对有关文献进行查找和翻阅，了解目前语文课堂提问现状，为研究做充足的准备。

2. 观察法

研究用到了观察法，通过观察，记录一定所需的资料。就本研究而言，本人在教学期间将对学生课堂表现进行观察，以及对自己执教时所提问题的记录，为本研究的有效提问研究提供了坚实的基础。

3. 案例分析法

从客观的角度，对搜集的小学语文课堂的案例进行分析，分析提问的效果，以及分析课堂提问优缺点并提出改进的建议。针对本研究，采用理论与实际相结合的方法，以理论进行指导，结合自己的教学经历进行分析，吸收优秀教师好的提问之处，反思自己的不足之处，为本研究提供丰富的素材。

(二) 研究思路

结合对研究现状的分析，依据促进学习的评价和反馈等理论的指引，确定了"小学语文教师课堂提问的有效性研究"课题，通过文献研究法、课堂观察法、案例分析法等一系列研究方法，总结了课堂提问的真实状况，分析了当前课堂教学中的问题以及原因，确定了小学语文课堂有效提问的要求，并根据提问的要求进一步优化小学语文课堂提问：针对教学内容设计有效提问，教师提出问题后，全体学生共同参与问题的回答，最后以师生共同参与得到的课堂反响作为课堂评价的标准。

(三) 概念界定

1. 课堂有效提问

课堂提问是教师的活动。在课堂教学中，提问是帮助教师推进课程进程、引导学生更快更好地掌握教学内容的手段，同时它还能促进学生想象能力、思维能力以及思考能力的发展。课堂有效提问即有效的教学，它既能引导学生讲出自己清晰的观点，也能激发学生想象、唤起学生思考、鼓舞学生行动。

课堂有效提问，有效一词理应引起重视。在我们看来，有效显然有两方面含义：一是有效果，如果活动有结果，活动就是有效的，若活动没有结果，那么活动就是无效的；二是有效益，若活动达成的结果是非预期的，是坏的，那么活动是无效的，但这样理解是不全面的，因为没有看到或说明活动结果和活动产生的联系，因此有效应进一步理解为有效益。即有效相对活动投入而言，活动结果是尽可能大的。

杭州师范大学教育科学学院卢正芝教授、杭州市拱墅区教育研究发展中心洪松舟老师认为"有效课堂提问是指教师在认真备课、思考和设计问题后，创造较好的问题情景，生成有效的、帮助理解文本的问题而来引发学生思考问题和主动参与课堂，从而达到教学目标的要求，并在课后反思自己的课堂提问以期在下次得到改善提升。从广义上，它还包括了课堂提问的有效预设、课堂提问的有效实施、课堂提问的有效反思"。这些观点对把握课堂提问提供了很好的参考作用。

2. 小学语文课堂有效提问

在教学中，学生是教学的主体，学生的发展和成长应该备受重视。以往学生处于被动情景的课堂环境已经得到了改善，日常课堂中，学生与教师的互动日益频繁，师生双向互动是教学的主旋律。有效的课堂提问，不仅能活跃课堂气氛，调动学生积极性，促使学生积极思考，引起学生的兴趣和求知欲望，加强对学生自身的发展，也能及时收获教学反馈，增加师生互动，提高语文知识的实用性。在具体教学组织中，我认为小学语文有效提问是教师能根据课标、学科教学任务、单元要素等找到课文重难点，并据此设计有效的以及让学生充满参与感的课堂，及时获得学生的各项反馈，获得课堂有效提问的方式。

三、对课堂提问的现状观察

2001 年，教育部正式颁发实行课改的政策文件，并启动了基础教育课程改革，以构建有中国时代特点的课改体系。推行课改后，县教体局及二级机构、各乡镇中心学校、各中心小学所有人员积极响应，始终围绕课改的中心理念——"以人为本，促进学生的全面发展、多元发展"，课改的基本要求——"以学生为本，以教师为主导，教学相长"，教学方法的基本要求——"教学有法，但无定法，贵在得法"，课程改革（高效课堂）的出发点和归宿——"立德树人——提高教育质量"，让教师行动在课堂，拒绝无效教学，打造有效课堂。

在新课程改革的实施中，很多教师意识到了其中存在的问题，意识到了课堂提问的重要性，因为教学形式过于流于表面、学生的心理状态被忽视、对文本的主旨把握不到位等因素，让小学语文课堂提问的现状与有效课堂提问的目标相差较远。

本研究是在工作中有目的对教学进行实地观察，主要通过对自己的教学情况和同伴教师的课堂进行观察和记录。主要的观察、记录和分析角度有：一是教师的提问内容是否紧扣课文主旨；二是课堂提问的方式是否合适；三是教师提问后对学生回答的评价是否有效；四是教师的候答时间是否合理，这些都会影响学生在课堂中学习的效果。在工作期间我观察到教师们的教学（包括课堂提问）基本都能围绕课文的主旨进行，我也听过不同教师的公开课，其中对比年轻教师的课堂，有经验的教师明显对课堂的掌控更好，他们能在恰当的时机引出问题然后引导学生解决问题，但新教师显然没有老教师那么游刃有余，他们的课堂新颖有趣，学生能被吸引注意力，但学生的注意力很容易被分散，而达不到通过趣味性活动来吸引学生回答问题的目的。不管是新教师和有经验的老教师，在他们的课堂上都有对学生回答问题后不同程度的点评，而我也观察到了很多学生能通过教师的点评而得到鼓舞，提高在课堂中回答问题的积极性。据我观察，问题提出后，很多教师没有给学生充足的思考时间，有时候会因为有同学在教师提问完后马上举手就请他回答，没有考虑到部分还在思考的同学。

在我观察的课堂中也存在着一些教师课堂提问的常见问题。因此，结合所观察的课堂以及其他教师在教研活动的反馈，我们整理了以下几类课堂提问的常见问题。

1. 课堂提问浮于表面

在传统意义上课堂提问是教师对学生单方面的提问，但随着教育不断改革，教育理念不断更新变化，以及教育改革的基本要求——以学生为本的提出，学生在课堂中的地位越来越高，课堂提问包括教师对学生的提问，更应该融合学生自己对文本的理解，提出自己的疑问。在现行的课堂中，学生缺乏在课堂中表达的机会。具体表现为：(1)在课堂中，教师的提问能够围绕教学内容展开，与学生有互动、有交流，但大部分教师在整节课上提问，对学生问题意识的培养不到位甚至缺失，对同学们的问题视而不见，课堂上没有发挥学生的主动性；(2)教师能重视课堂提问，并能够围绕所教学的内容提问，但是提出问题后没有给学生充足的思考时间，让学生没办法进入深度思考，对问题的理解和解答只停留在表面；(3)教师在上课之前应做课前预备——备课、备教材、备学生，但许多教师可能只做到了前两点，以至于在上课时所提出的课堂问题全是围绕所备教案而来，为了完成教案而上课，并没有在考虑学生学情的基础上提出对学生发展有利的问题，这使课堂提问失去了它原本的作用。

2. 课堂提问缺乏灵活性

教师有时在设计课堂提问时会产生一系列问题。主要表现为以下情况：(1)问题设计没有考虑学生的真实情况，要么是问题过难，要么是问题过易。有时候教师为了展示自己的高水准，将问题设置得与众不同和新颖，这实际上超出了学生已有的知识经验，导致学生在课堂中无法给出回答，教师也陷入尴尬境地；有时候教师因为在课前没有真正了解学生的接受程度与真实水平，从而过高估计学生的能力，设计出过难的问题，使学生在教师的课堂提问中回答不上来；有时候教师为了营造出活跃的课堂气氛和积极的师生互动，而设计一些过于简单的问题，使全班同学能举手回答。其实在课堂提问中教师应该照顾到不同阶梯段的学生，所以教师设计课堂提问时可以将一些比较简单的提问分配给学习能力比较弱的同学来激发他们的课堂兴趣，更好参与课堂，但是，如果教师在整个课堂上设计的问题过于简单，学生的学习能力和思维能力就得不到提高。(2) 课堂提问过多。基础教育改革历来重视学生在课堂中的地位，并且越来越重视，积极呼吁课堂上师生的良性互动与交流。但是，许多教师没有从更深层次上理解课改的要求，只从表面上做出改变，向学生提出过多的问题，形成了"满室问题"的课堂现象，这使得学生对教师提出的问题没有时间处理，没有时间思考，而错过了具有重大价值的问题。(3) 提问过于生硬。教师在发问后可能会遇到学生不做答复的情况，而教师为了完成所提问题不做任何改变，忽略新生成的课堂资源，导致学生对课堂失去兴趣，不想作答。(4) 提问形式过于单一。一问一答的形式让学生能够快速作答，所回答的问题也不需要经过过多思考。如果整堂课都是这样单一的提问形式，缺乏问题的趣味性，学生的思路就不能完全打开，缺乏启发性，容易让学生对课堂失去兴趣。

3. 忽略对问题的评价

学生回答完问题后，教师有时不及时作出评价，这使学生对教师的课堂提问失去兴趣，因而不积极参与课堂。主要表现为:(1) 学生回答完问题后，教师只关注学生的问题是否正确，而不关注学生思考问题的情况，这样会打击学生的学习积极性。(2) 我们提倡学生在课堂中提出自己的疑问，但教师也应该对学生提出的问题持重视的态度，当学生提出自己的疑问时，有些教师可能会忽视，或者只是简单重复学生的问题，而不作解答，不够重视，再或者是给出一个简单的回答，而不做深入研究，不重视学生提问之后的有效反馈。

四、小学语文课堂提问有效性的基本要求

教学包括教与学，教师教与学生学，这是一个双向互动的过程。课堂提问是教学的一部分，是教师向学生提问的过程。那么，如何保证教师课堂提问的有效性，就需要教师从多个方面思考并设计，让学生在课堂中有参与

感，得到提升。因此，我们从语文课堂提问内容、语文课堂提问方式和语文课堂提问的师生互动三个层面提出课堂提问有效性的要求。

（一）提问内容的有效性

1. 充分考虑所提问题，接轨学生已有知识

课堂提问就是为了让学生有课堂参与感，了解孩子对课堂内容的掌握度。所以语文课堂提问，既能了解孩子对课文的掌握程度，也能促进师生感情。在如今的实际课堂教学中，有时候教师的提问仅仅是一个提问而已，并没有从学生角度考虑学生能否理解教师的问题，学生是否能回答，以及能否检测出学生是否真正理解文本内涵，这是提问设置过难的情况；还有一种情况是把提问设置过于简单，内容浮于表面，学生不用思考就能回答，这样形式化提问，学生对于文本的理解只在表层，不能深刻理解文章，而学生也不能提升解读文章的能力。

我上过二年级上册的《语文园地四》，那时候我是第一次上到有关诗句的内容，诗句内容大致如下：

有山皆图画，无水不文章。

白马西风塞上，杏花烟雨江南。

清风明月本无价，近水远山皆有情。

雾锁山头山锁雾，天连水尾水连天。

这四句诗都是写景的，但总体而言比较抽象，而且是单独成句分析，所以我一直在思考，怎么把这抽象的句子转化成一种简单的方式让二年级孩子能听懂。后来我的实习老师给我稍加点拨，我想到了采用"读诗句，想画面"的方法来教学，向孩子们提问道："请小朋友们读一读这句诗，边读边思考你脑海中有怎样的画面呢？"结果当然是失败的，二年级的小朋友读不懂诗句，脑海里自然也不会有画面，当时在我提问后课堂气氛瞬间凝固，小朋友们眼里满是疑惑，其实说到底就是孩子们连我提出问题的意思也没有理解，自然也就回答不上来。我的指导老师后来提醒我换个提问方式，把"让孩子们边读边想想脑海中的画面"换成"你们在这句诗中找到了哪些景物

呢?"效果很好,几乎全班孩子都举手了,这对他们来说不是难事。

在这个问题上我没有充分考虑所提问题,也没有把"读诗句,想画面"的方法教给孩子,所以导致提问的问题无人回答,这也证明语文教师在课堂中要对提问的内容充分考虑。

2. 仔细构思所提问题,有引导性地发问

教师在提问之前仔细进行构思,能大大加强提问实施的有效性。怎样设计提问,是一种教学艺术,既要把问题设计得新颖、有创新性,能吸引孩子的注意力并调动起其积极性参与到课堂中来,也要能让孩子抓住所提问题的重点,调动脑海中已掌握的知识回答问题。往往问题有难度,学生不能一下子回答上来,教师要学会引导,将学生的思路引到相关联的问题上,一步一步爬楼梯,从而启发学生回答难度较高的问题。

我在刚任教的时候上过一篇课文——部编版语文教材三年级上册《火烧云》。《火烧云》这篇课文的结构分为火烧云上来前、火烧云的变化和火烧云下去了,而3—6段写火烧云的变化,想让孩子明确的是如何来写火烧云的变化的,如果直接把问题"作者是如何来写火烧云的变化的呢?"抛给学生,学生可能一下子提炼不出来。这时,教师向学生提出的问题要有针对性,循序渐进,先请学生朗读课文的第三自然段,思考这一段写了哪些变化。这样一来,学生在朗读第三自然段时很容易就能抓住"红彤彤、金灿灿、半紫半黄、半灰半百合色"等词,这些都是描写火烧云颜色变化的词,当然不只让学生概括出颜色变化,还要让学生说出颜色变化特点,这里可以让孩子找关键词,得出颜色变化特点多且快。接着用同样的方法,请同学读4—6自然段,找出描写火烧云变化的特点。学完这四段,通过教师引导性的提问让学生明确火烧云的变化是由颜色与形状变化组成的,而且它们不仅变化多且变化快。

3. 尊重学生差异,设计有层次问题

在真正的教学和课堂中,每个学生对知识的学习是不同的,学习能力也有差别,这就启发教师在提问时要有针对性,针对学生之间的差异,设计有层次的问题。例如,对于后进生,除了关注他们知识的掌握情况之外,还要调动他们学习的积极性,所以向他们提出稍简单的问题,并在提问后表扬他们,就会取得不错的反馈;对于中等生,要多关注,尽可能使他们掌握文本所有知识，并且可以适当增加提问难度；对于优等生，则需要设计有难度的问题，正如维果斯基提出的最近发展区，跳一跳摘桃子，让学生能突破自己，善于思考，勇于思考。所以教师应该对学生有个整体了解，准确设计适合孩子的问题。教师设计提问的初衷应该是使每一个孩子在思考和回答问题的过程中有所收获，有所成长。

我上过部编版语文教材六年级上册《桥》，课文中描写了一个老汉，无疑，这个老汉的形象是值得我们学习的，所以我在教学时有设计向学生提问"这是一个怎样的老汉？"相信大多数学生能说个一二三出来，但都不够全面，我想针对学生之间的差异，我应该设计不同层次的问题。例如，对于学习能力和理解能力比较逊色的同学，我应该设计这样的问题，"请找出描写老人动作、语言、神态的句子"；对于学习能力和理解能力较强的学生，问题应这样设计："从老人的动作、语言、神态的描述中，可以看出他是一个什么样的人？"但我在自己的课堂上并没有做这样的思考，提问后课堂效果大打折扣。所以，我认为尊重学生之间的认知差异，设计分层问题，让学生共同参与课堂，会实现高效率课堂。

（二）课堂提问方式有效

1. 抓住关键点，突破重难点

怎样有效提问，关系到课堂的教学质量，也影响到学生是否对问题引起高度关注与深度思考。当然问在关键处，就需要教师有深厚的功力，对课文进行深层解读，对提问点进行构思与设计，旨在问到关键点，突破重难点。大量的教育教学经验显示，提在关键点很重要，这能赋予语文教学生机和活力，提升教学的质量。就语文课堂而言，关键点，主要指的是课文内容的题眼、诗眼、文眼，这些在全文甚至在整堂课中起着牵一发动全身的作用。在关键点处提问，能让学生迅速抓住文章主旨和中心思想。正因为此，所以教师在教学设计时需要快速找到文章的关键点，抓住文章中心思想。

我实习时上过六年级上册一篇课文《桥》，文章主要描写黎明的时候，村庄所有人在睡梦中惊醒过来，洪水来势汹汹，老汉不顾生命危险，以清瘦的身躯为村民们筑起一座通往安全对岸的桥梁，但自己和儿子却被洪水卷走了。老汉只是一位基层的老共产党员，但面对来势汹汹的洪水，他却没有退缩，勇敢地站了出来，沉着、临危不惧、果断，牺牲小我，成就大我，这是一种何等的大爱啊！对于这篇文章来说，题眼就是桥，既是文中那座实物桥，也是老汉舍己为村民搭起的生命桥、保命桥。于是就这个题眼，我先和学生一起见识了文章所描写的洪水来临的画面，让学生们明确当时的场景：气势汹汹的洪水不打一声招呼席卷了整个村庄，威胁着村民们的安全。接着故事的发展就是人们你拥我挤，都朝着那座桥梁拥去——唯一生的希望。所以我设置了以下问题：此时的木桥是一座什么桥？（保命桥、救命桥、生命桥）但假设全村一百多个村民都一窝蜂地拥向那座窄木桥，会发生什么呢？（请学生自由想象当时的画面，说说自己的感受，也是为了让学生能更好地理解课文语境）当解决了这两个问题，我进行小结：求生是人的本能。谁不想获得生的希望？但除了一个人，他是谁？他又有什么表现？这几个问题是递进关系，是文章内容向文章中心思想过渡的桥梁，能够让学生深入思考问题，把握文章主旨，解决重难点。

2. 问在留白处，拓展学生的想象空间

小学语文课文中有许多引人遐想和戛然而止的结尾处，作者没有直接给出结局，但我们仿佛能预料到结局，但结局仿佛又有很多种可能性，这拓展了学生的想象力。所以，教师可以抓住这一机会，设计有效提问，抓住学生的好奇心，发挥学生的想象力。

例如，《祖父的园子》一文表达了萧红对过去在园子里的快乐时光的怀念以及对祖父的思念。在园子里萧红过得无拘无束，用发现美的眼睛看到了园子里植物、动物们的"无拘无束、生机勃勃、自由成长"。在这个园子里萧红可以尽情地玩耍，没有拘束，所以在萧红醒来后，她又会找到怎样的乐趣呢？祖父的园子里又有些什么有趣的事物呢？所以我在结尾处给学生留下了这样的思考，这不仅能让学生更好理解文章的主旨，发挥学生的想象力，给学生留下想象的空间。教师这样的提问，我认为是有效的，在教师问题的启发下，学生有了语文学习方向，找到了自己的思维目标，提高了语文能力。

（三）语文课堂提问的师生互动

1. 奠定情感基调，引导学生明白课文主旨

课堂是由师生之间的思想碰撞而构成的，思想碰撞是无形的，幻化为有形的就是师生之间在语言上的沟通交流，因此，教师必须将有效教学对话提问进行运用，以教会学生学会学习。学习一篇课文最重要的是明白课文的情感主旨，基于此，教师通过对学生进行有效提问，提高学生对课文的理解，并通过提问对话，来增加师生之间的互动，提高学生的课堂参与感。所以教师应设计有效的课堂提问，推进有意义的课堂师生对话来引导学生理解课文、参与课堂。

在暑期文本培训的时候我上过一篇课文——《祖父的园子》，在这篇课文中貌似浮现在文字表面的情感是快乐的、自由的，但其实它隐藏在文字背后的情感是悲伤的、充满怀念的。在讲课时，我把《祖父的园子》的教学分成三个部分，分别是花园、果园、乐园。在讲到乐园这一部分时，我先请同学读 16 自然段，并圈出词语来概括这个院子的特点，同学们很容易地将"一切都活了""自由"圈出来，然后我让他们把院子里能体现"一切都活了""自由"的事物找出来，并说说他们的阅读体会，这样子通过一步一步的引导既让学生找到了描写园子自由的事物，又让学生表达了他们的阅读理解。接着分析完描写事物的句子后，让学生们再次默读课文，找到除了描写事物的句子还有哪里可以体现园子里的一切都十分自由，仿佛"一切都活了"。"愿意……就……"这样子的词语在课文中反复出现，能很好地体现一切在这里都是自由活跃的，而我在这里也设置了一个问题：请同学想想作者为什么会这样写？引导学生去发现：因为作者萧红在记忆里的这段时光是充满快乐、自由的，所以院子里的一切都带着她的情感——自由、快乐和思念。就这样通过有效提问，成就了一堂有意义的课堂师生对话。

2. 学会追问，有效跟进学生提问

学生的接受力可能没这么快，需要教师的"调和"，这时就需要增强师生之间的互动，而这个互动则是教师的追问，因为光教师提问是不够的，可能无法让学生真正理解，教师要会追问，让学生"灵光一现"。教师对学生思路的引导要能拓宽学生的思维水平和思维空间，培养创造力和发散思维，

使其明白学习是应该触类旁通、灵活应用的。所以教师应不断增强自身能力，运用教育智慧，正确引导学生，对问题本身进行研究提问，让学生形成对问题、对课文全面的认识。

我教研的时候讲过《慢性子裁缝和急性子顾客》一课，在讲生字的时候讲到了"夹"这个字，这是一个多音字，有"jiā"和"jiá"两个读音，当读第一声时表示一个动作，这些动作都是两边往中间用力，使物体被夹紧。而读第二声时，都是表示两层的衣服和裤子。出示这两个读音并解释后，我请同学来组词，同学们很快就能分别组出词来，夹心饼干、夹层、夹住，夹袄、夹裤等等，但当我出示"雨夹雪"时，他们都懵了，所以要让学生知道正确读音，真正理解雨夹雪的含义，就要能说出雨夹雪的含义，学生能说出雨夹雪的含义，接下去就要去思考"夹"这个字在"雨夹雪"中的含义，于是我追问孩子们："夹在雨夹雪这个词里是什么意思呢？"同学举手回答说："夹杂、掺杂着。"是的，到此，应该就能得出"夹"的正确读音了，做"掺杂"意时，读第一声 jiā。雨夹雪，是指由雨水与部分融化的雪混合并同时降落而形成的一种特殊天气现象。

五、进一步优化小学语文课堂提问

(一) 根据教学内容设计问题

如何优化小学语文课堂提问，这必须在提问之前设计好，所以关键是如何设计有效的提问。设计提问不能离开学习文本，要根据内容找到切入点。选择合适的提问点，提高学生的学习兴趣，形成师生互动；若无合适的提问点，则达不到想要的课堂效果，学生没有学到知识，整个课堂节奏不流畅，形成一种为提问而提问的尴尬课堂，这不利于师生的共同进步。因此，有效提问就要选择合适的提问点，深度理解教学内容，合理设计教学问题。问题要有引导性、启发性和差异性。

1. 进行引导性的提问

新课程实施使教师的角色发生较大的变化，教师不再是课堂上单方面的决定者，而成为学生学习的引导者、合作者和参与者，教学过程成了师生之间交往、沟通的主要渠道。"课堂成就优秀学生，学生造就精彩课堂"。

学生是受教育者，是学习的主体，但不能因此忽略了教师的作用，离开了教师无法发挥学生的精彩，所以一味地传授知识比不上培养学生的学习能力重要。做学生独特个性、和谐健康发展的引导者，在备课时注重学生的主体性，在课堂中重视学生提出的问题，课后反思试题的有效性，进一步完善教学，既能提高自己的专业能力，有效优化试题的效性，又能发挥学生的主动性，让全体学生参与课堂、融入课堂。叶圣陶先生说过："教是为了不教。"所以教师讲再多都不如学生能自己探索，发现问题、解决问题。教师的存在是为了帮助学生，让学生主动学习，并且在学生产生疑惑时相机引导学生。

在试教的时候，我上过二年级的《黄山奇石》这篇文章。黄山是中国著名的旅游景点，它以"四绝"著称——奇松、怪石、云海、温泉。《黄山奇石》讲的是四绝中的"奇石"，这从文章的题目就可以看到出。这一绝格外著名，黄山的怪石似人似物，似鸟似兽，惟妙惟肖，趣味横生，以多著称，以奇闻名。所以我在设计教学时从题目中的"奇"字入手，向学生提出了一系列问题：你能猜一猜这块奇石吗？你能找到这块奇石吗？你能说一说这块奇石吗？这块奇石在你脑海中是怎样的呢？你能读好这块奇石吗？这些问题旨在引导学生自主解读课文，而我在中间起着一个穿插性的作用。这一系列问题当然不能一口气全部让学生独立完成，这对二年级学生来说难度太大。我的指导老师和我讲过，课堂上要对学生"先抓后放"。因此文章中7块奇石，我先带领学生进行整体梳理，并根据上述问题的顺序，带领学生"打个样"，将七块奇石找出来后，挑选一块奇石再请同学找出课文中描写这块奇石的句子，接下去进行句子分析，在描写这块奇石的句子中用到了比喻和形象生动的动词，分析这样写的作用后，请同学展开想象，说说心里的感受，最后带着感情色彩读好这块奇石，当然教师也要适当给予朗读指导。当然在上课时要配合板书，这样学生在后面的自主学习中就会大大减轻压力。

2. 进行启发性提问

在课堂上，经常会出现这样的情况：小学教师在课堂讲授知识点时会问学生"是不是"和"对不对"，但这样的问题对课堂效果起不到任何作用。学生会人云亦云，做事匆匆忙忙，但真正做作业的时候，学生是否掌握知识体现在作业上，如果不是真正理解我们就不能举一反三。因此，教师在课后反思时，要思考其中的原因，避免在课堂上问一些无意义的问题。启发式提问是教师根据教学规律帮助学生获得知识，并能内化，从而融会贯通，举一反三。好的开放式问题能引导学生积极思考，使他们通过头脑中的旧知识来解决问题。这个过程可以训练学生的逻辑思维，以及语言表达能力。当然在提问时，教师如果说出问题的答案或者没有给足学生充分的时间思考，这些都属于无效的启发性提问。启发性问题，应该能让学生积极主动地思考，进行发散性思维，做到举一反三。教师应该引导学生回答问题，在引导中启发学生思维，逐步解决难题，把握重点。

我在教研时准备过《爬山虎的脚》一课上课伊始，我就抛出问题：同学们见过爬山虎吗？这一问题虽然简单，但能引起学生的好奇，把注意力集中到课文的主角——爬山虎身上，学生有了想要表达的欲望。这样上课一开始就能让学生专心致志，想去探索课文中作者描写的爬山虎与自己见过的爬山虎是否一样。通读完课文后，要让学生挖掘文本内涵，所以我向学生提了一个问题：课文写了爬山虎的哪些方面呢？他又是怎么写的呢？这个问题抛出来后能让学生有所留意，返回课文再去找寻答案，通过仔细阅读，概括和总结文本大致中心意思，把握主旨。将课文的大纲把握住后，也不能放过课文所需要留意的一些细节，所以在了解完爬山虎的脚后，又提出了新问题：爬山虎的脚我们已经了解了，那它是怎么爬的呢？解读了爬山虎的脚的动词描写，这对于解读爬山虎的主旨有促进作用。在讲完爬山虎的脚这部分之后，请同学思考：作者从哪两个方面来写爬山虎的呢？这样的追问让学生站在全文的高度总结出作者写出了哪些爬山虎的脚、爬山虎的叶。所以，语文课堂的启发设问要抓住认知规律，整体教学设计，通过启发使学生深入思考和探索。

3. 进行差异性提问

学生不是空着脑袋进教室的。建构主义学习理论强调世界是客观存在的，但每个人对事物的理解都不同。不同的人有不同的经验，所以他们对同一事物会有不同理解。因此，该理论认为：要引导学生从已有知识结构出发，构造起新的知识结构。基于此，在一个班级中，学生必定有着差异性，不同的学生有着不同的学习经历，教师要意识到学生之间的差异，并能够在实际的教学过程当中结合学生的学习状况，按照不同的标准对学生进行分层，并结合学生层次性进行提问。所以我们要尊重学生的差异性，进行差异性提问。

例如，我上过的《为中华之崛起而读书》这篇课文。上课伊始，最重要的就是梳理文章的主要情节，所以我提出了一个问题：课文主要写了哪几件事？通过整体朗读课文，让学生把课文划分成三个层次，但在教学设计时，我发现在划分层次概括内容时也应该划分梯度，第一件事分为1—10自然段，写了在修身课上，少年周恩来立志"为中华之崛起而读书"；第二件事分为11—14自然段，写了周恩来听闻中华不振；第三件事分为15—17自然段，写了周恩来目睹国人被欺却无处说理的现象。这三段的概括我请了三位同学来分别回答：第一部分比较虽然段落多，但简单，所以我请一个学习能力较差，但基础较为扎实的同学回答；第二部分内容简短，所以邀请基础薄弱的同学来回答；第三部分内容不多，但是很难总结，所以请学习能力强、理解能力好的同学回答。通过有针对性的提问，可以让不同层次的学生提高课堂参与感，使他们快速、积极地参与课堂学习。

(二) 教师提出问题，全体学生共同参与

学生之间是有层次的。教师提问是课堂教育的重要组成部分。因此，教师要思考如何设计有效的课堂提问，充分发挥学生的思维热情，提高学生的参与感，发挥学生积极性。教师要具备统筹观。在提问时应多请几个学生回答（1—3个最佳），要考虑到不同层次的学生，关注学生，给他们发挥的机会，提高其自信心；可以在提问后，形成学习讨论小组，学生共同解决问题。在前面分析进行差异性提问时就提过，对于学习能力较强的同学，教师在提问时可以选择比较有难度且有深度的问题，简单的问题可能会使他们骄傲自满，应让他们知道自己还有知识上的不足，留有余地更加努力完善自我；对于学习能力一般的，选择他们经过简单思考能得到答案的问题；对于学习和接受能力差的人，选择一些简单的问题来激发他们的学习兴趣，使积极参与到课堂中来。

1. 选择重点，进行提问

教学设计时，一节课要有重难点，只有把握住重难点才能上好课文，因此教师要围绕重点进行备课，学生要围绕重点进行学习。掌握了精髓才能达到举一反三的效果。把握了教学重点，学生可以在语文学习中更加灵巧轻松。但在实际课堂中，教师并没有很好地把握教学的重点，而是对学生进行填鸭式教学，实行"一言堂"，让学生"无话可讲"。根据新课标的要求以及教师教学时间、学生学习接受能力等特点，教师的"一言堂"和填鸭式教学不能让学生在课堂上得到积极的发展，反而会抑制其表达自我想法，没有自己独特的思想，"泯然众人矣"。所以教师要进行选择，选取那些适合学生、有意思的、有用处的、重点的、能贯穿全文的重点问题和主要问题，把学生的注意力牢牢抓住，实现教学目标，解决教学重点与难点，形成师生共学的局面。

著名语文特级教师窦桂梅在教学《游园不值》一课时，以"不遇中的有遇"为主题，引导孩子们领悟诗歌主旨。

窦桂梅以"不值"为核心，先是把"不值"的意思告诉学生——不遇，让他们抓住"不遇"，并且向孩子提出一个问题：虽然"不遇"，但诗中诗人"遇"到了什么呢？这就提示孩子们回到诗歌，边读边思考，并且可以在旁边写写自己的感受。接着请学生分享自己感悟到的：他遇到了苍苔！他遇到了柴扉！他遇到了红杏！"哦！原来诗人在'不遇'中竟然'遇'到了这么多！"这样一来，窦桂梅老师自然可以向孩子们引出：在人生的道路上何尝不是这样，有很多"不遇"，但在"不遇"中我们却能遇到很多意外的东西，所以我们要有坚定的信念，"生活给你关了一扇门，一定会给你留下一扇窗"。

2. 灵活应用教师智慧，巧妙提问，维护课堂良好秩序

教育机智是教育的艺术。教育情境因时而变，因为学生、教师、气氛、时间都发生着变化。所以，教师在不断面临着各种挑战，这些挑战会打乱正常的教学秩序。教师要抓住这些挑战，迎难而上，运用自身良好的教学素养与教学能力灵活化解尴尬，恢复课堂秩序。从这儿不难看出教师的教育机智的重要性，而教师的教育机智也是一个经验积累的过程。老教师有着多年的教学经验，能快速巧妙运用自身教育机智和课堂管理能力解决课堂突发问题，进行正常的授课；新教师教龄短，教学经验不足，缺乏课堂管理能力和灵活处理课堂问题的能力，所以新教师应该多反思，多积累，多学习，多总结，不仅要向有经验的老师虚心学习，更要不断思考，在思考和总结中提升自身能力。

在课堂提问时我们经常会遇到各种各样来自学生的问题，这些问题很容易让老师无法回答，造成课堂尴尬局面，需要教师灵活应用教育机智，巧妙提问，化解尴尬。

课堂上经常会遇到学生突然提出了与本堂课的课文无关的问题，这时教师不应该斥责学生，也不用着急回答，可以先将问题抛给学生，再通过引导，把学生的思维拉回到本节课课文的主旨上来。

钱梦龙先生在执教《故乡》时，学生提出了一个偏离课文主题的问题：

生：跳鱼怎么会有青蛙似的两只脚？

师：是啊，鱼怎么会有脚？

生：有！

师：什么鱼啊？

生：娃娃鱼。

师：你们真见多识广！我想跳鱼也有两只脚，可是我没看到过，你们谁看见过？

生：没有！

师：可是少年闰土就看到过这种跳鱼，这说明了什么？

生：说明少年闰土见多识广！文章中作者有句话"心中有无穷无尽稀奇的事，都是我往常的朋友所不知道的"。

钱梦龙先生面对学生突然的提问并没有慌乱，他充分发挥教师的引导作用，从而收获了良好的课堂反响。

（三）以师生共同参与得到的课堂反响作为课堂评价的标准

如何优化课堂提问，一定离不开教师的课后反思——获得良好的课堂评价，因此一堂课好坏的标准是看学生的课堂参与感是否充分，往往是师生是否进行了有效互动，教师是否将本节课的教学重难点落实。一堂好的课，教师与学生积极交流互动，互相答疑解惑。教师应把关注点放在班里每一个孩子身上，而不只是成绩好的学生，否则忽视了其他学生，让学生没有课堂参与感，师生之间缺少交流互动，这会消磨学生的课堂兴趣，久而久之，他就不想参与课堂，这样就达不到师生交互的教学效果。所以课堂评价要以师生共同参与为基础，把握评价的适合性与多面性。

1. 把握评价的适合性

语文课上，教师提出问题后，稍作停顿，给予学生思考的时间（2—3秒左右），学生回答后教师应及时给予反馈。学生在回答完教师的问题后，其实都等待着教师对自己的评价，可能只是想让老师对自己的回答做一个对错的评判，也可能是想听到老师对自己的表扬。教师当然不能忽略这一点，反而应该重视，因为这是教师与学生互动的一个很重要的点，是教师对学生课堂表现的反馈。当然，教师如何做出评价是一门很讲究的艺术，不管学生回答对错，教师都应该给予及时的反馈，不然会使学生产生受到冷落的感觉。

学生回答正确后，教师要给出充分的肯定，并给予鼓励和期待，希望学生接下来积极参与课堂；当学生回答不正确或者回答得不够完整时，教师一定不能够进行严肃的批评，而是应该通过进一步引导和讲解，将学生引回正确的思路上。当然对于平常在课堂上不太回答问题的学生或者对于不够自信比较内向的孩子，教师在他们回答之后也可以从其他方面给予适当的鼓励与肯定，比如：你的声音真响亮！你敢于发表自己的意见了，进步真大！虽然你说得不完全正确，但是我却要称赞你的勇气！等等。

2. 把握评价的多面性

课堂以学生为本，教师是学生学习的促进者和引导者，所以课堂评价不应该只由教师主导，而是应该让学生参与进来，让学生之间互相评价，把学生自评、学生互评、教师评价相结合，评定项可以为学习态度、学习能力、知识掌握情况和课堂情绪情感等方面，开发学生的潜能，扩展学生的思路，从而促进学生的发展。

六、结语

课堂提问是课堂教学的一个重要环节，有效的提问能帮助学生更好地理解文本，引导学生了解文本情感主旨，提高学生的学习效率。但在如今的真实课堂中，还存在着许多课堂提问的常见问题，怎么解决课堂提问中的问题和优化解决策略更加受重视。我们就小学语文课堂提问现状以及常见问题进行分析，结合自己的实践经验尝试提出了一些优化课堂提问的策略。下一步，我们将继续扩大有关教学评价理论的吸收，努力将理论与实践相结合，提升自己的教学能力和评价素养。这条路会是一段很长的旅程，但是坚持下去一定会有更好的风景。

参考文献

［1］雷小华.浅谈小学语文课堂的有效提问［J］.新课程（上旬），2019（4）：200.

［2］张娟.小学高段语文课堂有效提问策略研究［D］.重庆：重庆师范大学，2012.

［3］中华人民共和国教育部.全日制义务教育语文课程标准（2011版）［S］.北京：北京师范大学出版社，2012.

［4］孙信湘.小学语文课堂的有效提问［J］.小学生作文辅导（看图读写），2019（3）：98-99.

［5］叶小路.加强有效提问，优化语文教学［J］.基础教育研究，2016（5）.

［6］叶小路.小学中高段语文课堂有效提问研究［D］.杭州：杭州师范大学，2017.

［7］魏薇.透视小学语文课堂提问策略［D］.上海：华东师范大学，2007.

［8］窦桂梅.听窦桂梅老师讲课［M］.上海：华东师范大学出版社，2006.

［9］张越.基于创新思维培养的小学语文课堂提问研究［D］.上海：华东师范大学，2018.

［10］洪松舟，卢正芝.教师有效课堂提问：价值取向与标准建构［J］.教育研究，2010（4）.

［11］闫学.《我的祖父的园子》教学实录［J］.小学语文，2013（12）

［12］叶小路.小学中高段语文课堂有效提问研究［D］.杭州：杭州师范大学，2017.